1. Wörterverze
2. Wörterverze
Übungen zum Nachschlagen
Let's speak English!

Wörterbuch
für die Grundschule

plus Englisch

westermann

Tipps für das 1. Wörterverzeichnis

Wenn du nicht weißt, wie ein Wort richtig geschrieben wird, kannst du hier nachsehen.

Der ☆ zeigt dir, bei welchem Buchstaben im Alphabet du dich gerade befindest.

Alle roten Wörter sind **Nomen**, die blauen Wörter sind **Verben**, und die **Adjektive** sind in grüner Schrift. Bei den Verben findest du zuerst die Grundform, zum Beispiel **lesen**. Dahinter kannst du dann sehen, wie sich das Wort verändert, wenn du mit **er**, **sie** oder **es** einen Satz bilden würdest, zum Beispiel **er liest**.

ab
der Abend, die Abende
abends
aber
acht
der Affe, die Affen
alle
allein
alles
als
also
alt, älter
am
die Ameise, die Ameisen
die Ampel, die Ampeln
an
andere

anders
der Anfang, die Anfänge
anfangen, er fängt an
die Antwort, die Antworten
antworten, sie antwortet
der Apfel, die Äpfel
der April
die Arbeit, die Arbeiten
arbeiten, er arbeitet
der Arm, die Arme
der Arzt, die Ärzte
die Ärztin, die Ärztinnen
der Ast, die Äste
auch
auf
die Aufgabe, die Aufgaben
der Aufsatz, die Aufsätze
das Auge, die Augen
der August
aus
außerdem
das Auto, die Autos

Ba bis Be

das Baby, die Babys
backen, er backt
der Bäcker, die Bäcker
baden, sie badet
bald
der Ball, die Bälle
die Banane, die Bananen
die Bank, die Bänke
der Bär, die Bären
basteln, er bastelt
der Bauch, die Bäuche
bauen, sie baut
der Baum, die Bäume
die Beere, die Beeren
bei
beide
das Bein, die Beine

Be bis Bo

bekommen, er bekommt
der Berg, die Berge
besonders
besser
das Bett, die Betten
bewegen, sie bewegt
bezahlen, er bezahlt
die Biene, die Bienen
das Bild, die Bilder
ich bin
die Birne, die Birnen
bis
du bist
bitten, sie bittet
das Blatt, die Blätter
blau
bleiben, er bleibt
der Bleistift, die Bleistifte
der Blitz, die Blitze
blühen, es blüht
die Blume, die Blumen
die Blüte, die Blüten
der Boden, die Böden

A B C D E F G H I J K L M N O P Qu R S T U V W X Y Z

Bo bis Bu

das Boot, die Boote
böse
brauchen, sie braucht
braun
brav
brennen, es brennt
der Brief, die Briefe
die Brille, die Brillen
bringen, er bringt
das Brot, die Brote
der Bruder, die Brüder
das Buch, die Bücher
bunt
der Bus, die Busse
der Busch, die Büsche
die Butter

Ce bis Co

der Cent, die Cent
der Christbaum, die Christbäume
der Clown, die Clowns
der Computer, die Computer

Da bis De

da
dabei
das Dach, die Dächer
dafür
damit
danken, er dankt
dann
daran
darum
das
dass
davon
dazwischen
dein
deine
deiner
dem

De bis Do

den
denken, sie denkt
denn
der
des
der Dezember
dich
dick
die
der Dieb, die Diebe
der Dienstag
dies
diese
dieser
das Diktat, die Diktate
der Dinosaurier,
die Dinosaurier
dir
doch
der Donnerstag
das Dorf, die Dörfer
dort
die Dose, die Dosen

Dr bis Du

draußen
drei
drücken, sie drückt
du
dumm
dunkel
dünn
durch
dürfen, er darf
der Durst
durstig

Ec bis El

die Ecke, die Ecken
das Ei, die Eier
eilig
ein
eine
einer
einfach
einige
einkaufen, er kauft ein
einmal
eins
das Eis
die Eisenbahn, die Eisenbahnen
der Elefant, die Elefanten
elf
die Eltern

das Ende, die Enden
endlich
eng
die Ente, die Enten
sich entschuldigen,
er entschuldigt sich
er
erste
die Erde
erklären, er erklärt
erschrecken,
sie erschrickt
erzählen, er erzählt
es
der Esel, die Esel
essen, sie isst
das Essen, die Essen
etwas
euch
euer, eure
die Eule, die Eulen
der Euro, die Euro

die Fahne, die Fahnen
fahren, sie fährt
das Fahrrad, die Fahrräder
fallen, er fällt
falsch
die Familie, die Familien
fangen, sie fängt
die Farbe, die Farben
fast
der Februar
fehlen, es fehlt
der Fehler, die Fehler
feiern, er feiert
fein
das Feld, die Felder
das Fenster, die Fenster
die Ferien

Fe bis Fr

der Fernseher,
die Fernseher
fertig
das Fest, die Feste
das Feuer, die Feuer
die Feuerwehr,
die Feuerwehren
finden, sie findet
der Finger, die Finger
der Fisch, die Fische
die Flasche, die Flaschen
fleißig
die Fliege, die Fliegen
fliegen, er fliegt
die Flöte, die Flöten
der Flügel, die Flügel
flüssig
flüstern, sie flüstert
das Foto, die Fotos
die Frage, die Fragen
fragen, er fragt
die Frau, die Frauen
frech

Fr bis Fu

der Freitag
fremd
der Fremde, die Fremden
fressen, er frisst
die Freude, die Freuden
sich freuen, sie freut sich
der Freund, die Freunde
die Freundin,
die Freundinnen
die Freundschaft,
die Freundschaften
frieren, er friert
frisch
der Frosch, die Frösche
die Frucht, die Früchte
der Frühling
füllen, er füllt
fünf
für
der Fuß, die Füße
der Fußball, die Fußbälle
das Futter
füttern, sie füttert

die Gabel, die Gabeln
ganz
der Garten, die Gärten
geben, er gibt
der Geburtstag, die Geburtstage
das Gedicht, die Gedichte
gefährlich
gegen
gehen, sie geht
gelb, die gelbe Sonne
das Geld, die Gelder
das Gemüse
genau
genug
gerade
gern

geschehen, es geschieht
das Geschenk, die Geschenke
die Geschichte, die Geschichten
das Gesicht, die Gesichter
gestern
gesund, die gesunde Ernährung
er gibt
gießen, sie gießt
glauben, er glaubt
gleich
das Glück
der Gott, die Götter
graben, sie gräbt
das Gras, die Gräser
groß, größer
grün
der Grund, die Gründe
die Gruppe, die Gruppen
gucken, er guckt
gut

Ha bis He

das Haar, die Haare
haben, er hat
der Hals, die Hälse
halten, sie hält
die Hand, die Hände
hängen, es hängt
hart, härter
der Hase, die Hasen
er hat
das Haus, die Häuser
die Hausaufgabe, die Hausaufgaben
die Haut, die Häute
heben, er hebt
die Hecke, die Hecken
das Heft, die Hefte
heiß

He bis Ho

heißen, sie heißt
helfen, er hilft
die Hilfe
hell
das Hemd, die Hemden
her
herab
der Herbst
der Herr, die Herren
das Herz, die Herzen
heute
die Hexe, die Hexen
hier
der Himmel
hin
hinauf
hinten
hinter
hinunter
hoch, höher
hoffen, er hofft
hoffentlich
holen, sie holt

hören, er hört
die Hose, die Hosen
der Hund, die Hunde
hundert
der Hunger
hungrig
die Hürde, die Hürden
der Hut, die Hüte

I

ich
der Igel, die Igel
ihm
ihn
ihnen
ihr
ihre
im
immer
in
der Indianer, die Indianer
ins
er isst (ein Brot)
sie ist (weg)

J

ja
die Jacke, die Jacken
das Jahr, die Jahre
der Jahrmarkt,
die Jahrmärkte
der Januar
jede
jeder
jedes
jemand
jetzt
der Jogurt, die Jogurts
der Juli
jung
der Junge, die Jungen
der Juni

Ka bis Ke

der Käfer, die Käfer
der Kalender, die Kalender
kalt, kälter
die Kälte
das Kamel, die Kamele
sie kann
kaputt
die Karte, die Karten
die Kartoffel, die Kartoffeln
der Käse
der Kasper
die Katze, die Katzen
kaufen, er kauft
kein
keine
keiner
kennen, sie kennt

Ke bis Ko

die Kerze, die Kerzen
die Kette, die Ketten
das Kind, die Kinder
das Kino, die Kinos
die Kirche, die Kirchen
klar
die Klasse, die Klassen
kleben, es klebt
das Kleid, die Kleider
klein
klingen, es klingt
klug
das Knie, die Knie
der Knochen, die Knochen
der Koch, die Köche
kochen, er kocht
der Koffer, die Koffer
kommen, sie kommt
der König, die Könige
die Königin, die Königinnen
können, er kann
der Kopf, die Köpfe
der Körper, die Körper

Ko bis Ku

kosten, es kostet
krank
die Krankheit, die Krankheiten
das Kraut, die Kräuter
die Küche, die Küchen
der Kuchen, die Kuchen
die Kuh, die Kühe
kurz
der Kuss, die Küsse

A B C D E F G H I J K L M N O P Qu R S T U V W X Y Z

La bis Le

lachen, sie lacht
die Lampe, die Lampen
das Land, die Länder
lang, länger
langsam
lassen, er lässt
die Laterne, die Laternen
das Laub
laufen, sie läuft
laut
leben, er lebt
leer
legen, sie legt
der Lehrer, die Lehrer
die Lehrerin, die Lehrerinnen
leicht

Le bis Lu

leise
die Leiter, die Leitern
lernen, er lernt
lesen, sie liest
letzte
die Leute
das Lexikon, die Lexika
das Licht, die Lichter
lieb
lieben, er liebt
das Lied, die Lieder
liegen, es liegt
er liest
links, der linke Fuß
die Lippe, die Lippen
das Loch, die Löcher
der Löffel, die Löffel
die Lokomotive, die Lokomotiven
der Löwe, die Löwen
die Luft, die Lüfte
die Lupe, die Lupen
lustig

Ma bis Me

machen, sie macht
das Mädchen, die Mädchen
er mag
der Mai
malen, er malt
die Mama, die Mamas
man
manche
manchmal
der Mann, die Männer
das Märchen, die Märchen
der März
die Maus, die Mäuse
die Mausefalle, die Mausefallen
das Meer, die Meere
mehr

Me bis Mo

mein
meine
meiner
meistens
der Mensch, die Menschen
das Messer, die Messer
mich
die Milch
die Minute, die Minuten
mir
mit
der Mittag
das Mittagessen, die Mittagessen
die Mitte
der Mittwoch
mögen, er mag
die Möhre, die Möhren
der Monat, die Monate
der Mond, die Monde
der Montag
der Morgen
morgen Abend

Mo bis Mu

morgens
müde
der Müll
der Mund, die Münder
die Musik
der Musiker, die Musiker
müssen, sie muss
der Mut
mutig
die Mutter, die Mütter
die Mütze, die Mützen

Na bis Ne

nach
der Nachmittag, die Nachmittage
nächste
die Nacht, die Nächte
die Nadel, die Nadeln
der Nagel, die Nägel
der Name, die Namen
die Nase, die Nasen
nass
natürlich
der Nebel
nebelig
neben
nehmen, er nimmt
nein
das Nest, die Nester

das Netz, die Netze
neu
neulich
neun
nicht
nichts
nie
niemand
das Nilpferd, die Nilpferde
er nimmt
noch
die Not, die Nöte
der November
die Nudel, die Nudeln
null
nun
nur
die Nuss, die Nüsse

O

ob
oben
das Obst
obwohl
oder
der Ofen, die Öfen
offen
oft
ohne
das Ohr, die Ohren
der Oktober
die Oma, die Omas
der Onkel, die Onkel
der Opa, die Opas
der Ort, die Orte
Ostern
das Osterei, die Ostereier

Pa bis Po

packen, sie packt
das Paket, die Pakete
der Papa, die Papas
das Papier
der Papierkorb, die Papierkörbe
die Pappe, die Pappen
die Pause, die Pausen
das Pferd, die Pferde
pflanzen, er pflanzt
pflegen, sie pflegt
der Pilz, die Pilze
der Pinsel, die Pinsel
die Pizza, die Pizzas
der Platz, die Plätze
plötzlich
die Polizei

Po bis Qu

der Polizist, die Polizisten
die Pommes
das Pony, die Ponys
die Post
der Preis, die Preise
der Pullover, die Pullover
die Puppe, die Puppen
putzen, er putzt

das Quadrat, die Quadrate
quaken, er quakt
die Qualle, die Quallen
der Quark
der Quatsch

Ra bis Re

der Rabe, die Raben
das Rad, die Räder
Rad fahren,
sie fährt Rad
das Radio, die Radios
raten, er rät
der Raum, die Räume
die Raupe, die Raupen
rechnen, sie rechnet
rechts, die rechte Hand
reden, er redet
der Regen
der Regenschirm,
die Regenschirme
regnen, es regnet
reich
die Reihe, die Reihen

Re bis Ru

die Reise, die Reisen
reisen, sie reist
rennen, er rennt
der Rest, die Reste
richtig
riechen, sie riecht
der Ring, die Ringe
der Rock, die Röcke
rollen, es rollt
rot
der Rücken, die Rücken
rufen, er ruft
rund
die Rutsche, die Rutschen
rutschen, sie rutscht

Sa bis Sch

die Sache, die Sachen
der Saft, die Säfte
sagen, er sagt
das Salz, die Salze
salzig
der Samstag
der Sand
sandig
der Satz, die Sätze
sauber
scharf
schauen, sie schaut
scheinen, es scheint
schenken, er schenkt
die Schere, die Scheren
das Schiff, die Schiffe
schlafen, sie schläft

Sch bis Se

schlagen, er schlägt
der Schlüssel, die Schlüssel
der Schmetterling, die Schmetterlinge
der Schmutz
schmutzig
der Schnee
schneiden, sie schneidet
schnell
die Schokolade
schon
schön
schreiben, er schreibt
schreien, sie schreit
der Schuh, die Schuhe
die Schule, die Schulen
schwarz
die Schwester, die Schwestern
sechs
sehen, er sieht
sehr
die Seife, die Seifen

sein
seine
seiner
seit
die Seite, die Seiten
die Sekunde, die Sekunden
der September
sich
sie
sieben
er sieht
wir sind
singen, sie singt
sitzen, er sitzt
so
der Sohn, die Söhne
sollen, sie soll
der Sommer, die Sommer
die Sonne
der Sonntag
die Spagetti
sparen, er spart
spät

spielen, sie spielt
spitz
der Sport
die Sprache, die Sprachen
sprechen, er spricht
springen, sie springt
die Stadt, die Städte
die Stange, die Stangen
der Stängel, die Stängel
stark
stehen, er steht
der Stein, die Steine
stellen, sie stellt
der Stern, die Sterne
der Stift, die Stifte
still
die Stirn, die Stirnen
die Straße, die Straßen
der Strauch, die Sträucher
der Stuhl, die Stühle
die Stunde, die Stunden
suchen, er sucht
süß

Ta bis Ti

die Tafel, die Tafeln
der Tag, die Tage
die Tante, die Tanten
tanzen, er tanzt
die Tasche, die Taschen
die Tasse, die Tassen
der Teddy, die Teddys
der Tee, die Tees
das Telefon, die Telefone
der Teller, die Teller
die Temperatur, die Temperaturen
teuer
der Text, die Texte
das Thermometer, die Thermometer
das Tier, die Tiere

Ti bis Tu

der Tisch, die Tische
die Tochter, die Töchter
die Tomate, die Tomaten
der Topf, die Töpfe
das Tor, die Tore
tragen, er trägt
der Traum, die Träume
träumen, er träumt
traurig
trinken, sie trinkt
trocken
das Tuch, die Tücher
tun, sie tut
der Turm, die Türme
turnen, er turnt

U

über, er übt
über
überlegen, sie überlegt
die Überschrift,
die Überschriften
die Übung, die Übungen
das Ufo, die Ufos
die Uhr, die Uhren
um
der Umweg, die Umwege
und
der Unfall, die Unfälle
uns
unser, unsere
unten
unter
der Urlaub

V

der Vater, die Väter
vergessen, sie vergisst
verkaufen, er verkauft
der Verkehr
verstehen, sie versteht
versuchen, er versucht
viel
vielleicht
vier
der Vogel, die Vögel
voll
vom
von
vor
vorlesen, sie liest vor
vorne
vorsichtig

A B C D E F G H I J K L M N O P Qu R S T U V W X Y Z

Wa bis We

der Wald, die Wälder
wann
warm
die Wärme
warten, sie wartet
warum
was
waschen, er wäscht
das Wasser
der Weg, die Wege
Weihnachten
weil
weiß, die weiße Wolke
sie weiß
weit, weiter
welche
welcher

We bis Wu

wem
wen
wenig
wenn
wer
werden, er wird
das Wetter
wie
wieder
die Wiese, die Wiesen
er will
der Wind, die Winde
der Winter, die Winter
wir
wissen, sie weiß
wo
die Woche, die Wochen
wohnen, er wohnt
die Wolke, die Wolken
wollen, er will
das Wort, die Wörter
wünschen, sie wünscht
die Wurzel, die Wurzeln

Za bis Zo

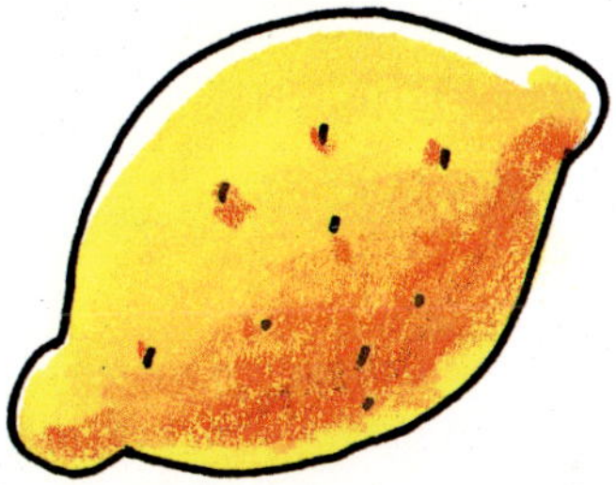

die Zahl, die Zahlen
zählen, er zählt
der Zahn, die Zähne
der Zaun, die Zäune
die Zehe, die Zehen
zehn
zeigen, sie zeigt
die Zeit
der Zeitpunkt, die Zeitpunkte
die Zeitung, die Zeitungen
der Zettel, die Zettel
das Zeugnis, die Zeugnisse
die Ziege, die Ziegen
das Zimmer, die Zimmer
der Zirkus, die Zirkusse
die Zitrone, die Zitronen
der Zoo, die Zoos

Zu bis Zw

zu
der Zucker
zuerst
der Zug, die Züge
zum
zur
zusammen
zwei
der Zweig, die Zweige
die Zwiebel, die Zwiebeln
zwischen
zwölf

Tipps für das 2. Wörterverzeichnis

In diesem Wörterverzeichnis findest du neben der richtigen Schreibweise eines Wortes auch Hinweise auf verwandte Begriffe, zum Beispiel:
fern; die Ferne; die Entfernung; sich entfernen; das Ferngespräch.

Die Trenn|stri|che zeigen dir, wie ein Wort richtig getrennt werden kann.

Ein Wort in eckigen Klammern [ ] gibt eine zweite Schreibweise an, die auch richtig ist.

In den runden Klammern ( ) findest du Erklärungen zu schwierigen Wörtern.

Der → bei zusammengesetzten Verben weist dich darauf hin, bei welchem Grundwort du weitere Formen findest.

der **Aal** (Fisch), die Aale

der **Aas|gei|er**, die Aasgeier

ab; ab und zu; auf und ab

ab|bei|ßen → beißen

ab|bie|gen → biegen

die **Ab|bil|dung**, die Abbildungen; abbilden

das **Ab|blend|licht**

ab|bre|chen → brechen

das **Abc**

der **Abend**, die Abende; am Abend; eines Abends; heute Abend; abends; das Abendbrot; das Abendland

das **Aben|teu|er**, die Abenteuer; der Abenteurer; abenteuerlich; der Abenteuerspielplatz

aber

der **Aber|glau|be**

ab|fah|ren → fahren; die Abfahrt, die Abfahrten

der **Ab|fall**, die Abfälle; die Abfallvermeidung

ab|flie|gen → fliegen

ab|ge|ben → geben

ab|ge|spannt (müde)

ab|ge|wöh|nen

der **Ab|grund**, die Abgründe

ab|gu|cken → gucken

ab|ho|len → holen

das **Ab|i|tur**

ab|kür|zen, sie kürzt ab; die Abkürzung

ab|leh|nen → lehnen; die Ablehnung

ab|len|ken → lenken; die Ablenkung

ab|ma|chen → machen; die Abmachung

ab|mel|den → melden; die Abmeldung

ab|neh|men → nehmen

das **Abo** [das Abonnement]; die Abos; etwas abonnieren

ab|rei|sen → reisen; die Abreise

ab|rei|ßen → reißen

der **Ab|satz**, die Absätze

ab|schal|ten → schalten

der **Ab|schied**; sich verabschieden

ab|schlep|pen; das Abschleppseil

ab|schlie|ßen → schließen

ab|schnei|den → schneiden

der **Ab|schnitt**, die Abschnitte

ab|schrei|ben → schreiben

ab|seits; abseitsstehen
der **Ab|sen|der**, die Absender; absenden → senden
die **Ab|sicht**, die Absichten; absichtlich
ab|so|lut (ganz und gar)
ab|spü|len → spülen
ab|stam|men; die Abstammung
der **Ab|stand**, die Abstände
ab|stei|gen → steigen; der Abstieg
ab|stim|men; die Abstimmung
ab|stür|zen, er stürzt ab; der Absturz, die Abstürze
das **Ab|teil** (im Zug), die Abteile
die **Ab|tei|lung**, die Abteilungen
ab|trock|nen, er trocknet ab
ab|wärts
ab|wa|schen → waschen; der Abwasch
das **Ab|was|ser**, die Abwässer
ab|wech|seln, er wechselt ab; abwechselnd
ab|zäh|len, sie zählt ab; der Abzählvers
das **Ab|zei|chen**, die Abzeichen
die **Ach|se**, die Achsen
die **Ach|sel**, die Achseln; die Achselhöhle

acht; achtzehn; achtzig; um acht; der Achte; achtmal
ach|ten, er achtet; Acht geben; gib Acht!; nimm dich in Acht!; die Achtung; verachten; die Verachtung
** äch|zen**, er ächzt (vor Schmerzen)
der **Acker**, die Äcker
ad|die|ren (zusammenzählen), sie addiert; die Addition
ade! (lebe wohl!)
die **Ader**, die Adern
das **Ad|jek|tiv** (Eigenschaftswort, Wiewort), die Adjektive
der **Ad|ler**, die Adler
ad|op|tie|ren, er adoptiert; die Adoption; die Adoptiveltern
die **Ad|res|se**, die Adressen; adressieren

der **Ad|vent**; die Adventsfeier
der **Af|fe**, die Affen; affig
Af|ri|ka; der Afrikaner, die Afrikaner, die Afrikanerin; afrikanisch
die **AG** (Arbeitsgemeinschaft), die AGs
ag|gres|siv; die Aggression
ah|nen, sie ahnt; die Ahnung; ahnungslos

ähn|lich; die Ähnlichkeit
der **Ahorn**; die Ahornbäume
die **Äh|re**, die Ähren
das **Aids** (Virus)
das **Ak|kor|de|on** (Musikinstrument), die Akkordeons
der **Ak|ku|sa|tiv** (4. Fall, Wenfall)
der **Ak|ro|bat**, die Akrobaten; die Akrobatin; akrobatisch
die **Ak|te**, die Akten; die Aktentasche
die **Ak|tie**, die Aktien
die **Ak|ti|on** (Handlung), die Aktionen
ak|tiv (tätig, eifrig); die Aktivität
ak|tu|ell
akut (plötzlich auftretend)
der **Alarm**, die Alarme; alarmieren
Al|ba|ni|en; der Albaner, die Albaner, die Albanerin; albanisch
al|bern; die Albernheit
der **Alb|traum** [Alptraum], die Albträume
das **Al|bum**, die Alben
die **Al|ge**, die Algen
der **Al|ko|hol**; alkoholfrei
Al|lah (Name für Gott im Islam)
al|le; alles; vor allem
die **Al|lee**, die Alleen
al|lein
al|ler|dings

die **Al|ler|gie**, die Allergien
al|ler|hand
Al|ler|hei|li|gen (kath. Feiertag)
al|ler|lei
all|ge|mein; im Allgemeinen
all|mäh|lich
der **All|tag**; alltäglich; alltags
all|zu
die **Alm** (Bergweide), die Almen
die **Al|pen** (Gebirge)
das **Al|pha|bet** (Abc); alphabetisch geordnet
als; ich bin größer als du; er kam, als du riefst
al|so
alt, älter, am ältesten; das Alter
der **Al|tar**, die Altäre
das **Alu|mi|ni|um**; die Alufolie
am (an dem)
der **Ama|teur**, die Amateure
die **Amei|se**, die Ameisen
Ame|ri|ka; der Amerikaner, die Amerikaner, die Amerikanerin; amerikanisch
die **Am|pel**, die Ampeln
die **Am|sel**, die Amseln
Ams|ter|dam (Hauptstadt der Niederlande)

das **Amt**, die Ämter; amtlich
sich **amü|sie|ren**; ich amüsiere mich
an
die **Ana|nas**, die Ananas [Ananasse]
an|bie|ten → bieten
der **An|blick**; anblicken
an|bren|nen → brennen
an|däch|tig; die Andacht
an|dau|ernd

das **An|den|ken**, die Andenken
an|de|re; ein anderer; etwas anderes
än|dern; geändert; die Änderung
an|ders
der **An|drang**; der Andrang ist groß
an|ein|an|der [an|ei|nan|der]
die **An|er|ken|nung**; anerkennen
der **An|fall**, die Anfälle; anfällig
an|fan|gen → fangen
der **An|fang**; der Anfänger;
die Anfängerin; anfangs;
der Anfangsbuchstabe
an|fas|sen; sie fasst (ihn) an
an|feu|ern; sie feuert an
an|füh|ren → führen; der Anführer,
die Anführer; die Anführerin;
die Anführungszeichen
an|ge|ben → geben; der Angeber;
die Angeberin
an|geb|lich

das **An|ge|bot**, die Angebote
der **An|ge|hö|ri|ge**, die Angehörigen
der **An|ge|klag|te**, die Angeklagten;
die Angeklagte
die **An|ge|le|gen|heit**,
die Angelegenheiten
an|geln; sie angelt;
die Angel, die Angeln;
der Angler; die Anglerin
an|ge|nehm
der **An|ge|stell|te**, die Angestellten;
die Angestellte
die **An|ge|wohn|heit**;
sich etwas angewöhnen
an|grei|fen → greifen;
der Angriff, die Angriffe
die **Angst**, die Ängste; ängstlich;
ich habe Angst; vor Angst;
mir ist angst und bange
an|gu|cken → gucken
an|hal|ten → halten
der **An|hän|ger**, die Anhänger
An|ka|ra (Hauptstadt der Türkei)
der **An|ker**, die Anker; ankern
an|kom|men → kommen
an|kreu|zen; er kreuzt an
die **An|kunft**; die Ankunftszeit
die **An|la|ge**, die Anlagen
der **An|lass**, die Anlässe; anlässlich

der **An|lauf**; anlaufen → laufen
sich **an|leh|nen**, sie lehnt sich an
an|ma|len → malen
an|mel|den → melden; die Anmeldung
die **An|nah|me**; annehmen → nehmen
die **An|non|ce** (Anzeige), die Annoncen
der **Ano|rak**, die Anoraks
an|re|den → reden; die Anrede
an|ru|fen → rufen; der Anruf; der Anrufbeantworter
ans (an das); ans andere Ufer
die **An|sa|ge**; ansagen
an|schau|en → schauen
an|schei|nend; der Anschein
an|schlie|ßen → schließen; der Anschluss; anschließend
an|schnal|len, er schnallt an
die **An|schrift**, die Anschriften
an|se|hen → sehen; ansehnlich
die **An|sicht**, die Ansichten
an|spre|chen → sprechen; die Ansprache
an|stän|dig; der Anstand
an|statt; anstatt des Vaters
an|ste|cken → stecken; die Ansteckung
sich **an|stel|len** → stellen
an|sto|ßen → stoßen

sich **an|stren|gen**, sie strengt sich an; die Anstrengung; anstrengend
die **Ant|ark|tis** (Südpol); antarktisch
der **An|teil**, die Anteile
die **An|ten|ne**, die Antennen
an|tik (alt, altertümlich)
die **An|ti|lo|pe** (Huftier), die Antilopen
die **An|ti|qui|tät** (wertvoller alter Gegenstand), die Antiquitäten
der **An|trag**, die Anträge
ant|wor|ten, sie antwortet; die Antwort, die Antworten
der **An|walt**, die Anwälte; die Anwältin
an|wei|sen → weisen; die Anweisung
an|wen|den → wenden
an|we|send; die Anwesenheit
die **An|zahl**; anzahlen; die Anzahlung
die **An|zei|ge**, die Anzeigen; die Anzeigetafel; anzeigen
an|zie|hen → ziehen; angezogen; die Anziehungskraft
der **An|zug**, die Anzüge
an|zün|den
das **Apart|ment** (kleine Wohnung), die Apartments
der **Ap|fel**, die Äpfel
die **Ap|fel|si|ne**, die Apfelsinen
die **Apo|the|ke**, die Apotheken
der **Ap|pa|rat**, die Apparate

der **Ap|pe|tit**; appetitlich
der **Ap|plaus**; applaudieren
die **Ap|ri|ko|se**, die Aprikosen
der **Ap|ril**; das Aprilwetter
das **Aqua|ri|um**, die Aquarien
der **Äqua|tor** (längster Breitenkreis)
Ara|bi|en; der Araber, die Araber, die Araberin; arabisch
ar|bei|ten, sie arbeitet; arbeitslos; die Arbeit; der Arbeiter; die Arbeiterin
der **Ar|chi|tekt**, die Architekten
är|gern, sie ärgert; der Ärger; ärgerlich
das **Ar|gu|ment** (Beweis), die Argumente
die **Ark|tis** (Nordpol); arktisch
arm, ärmer, am ärmsten; die Armut; ärmlich; armselig
der **Arm**, die Arme
der **Är|mel**, die Ärmel
das **Aro|ma** (Duft), die Aromen; aromatisch
die **Art**, die Arten
ar|tig
der **Ar|ti|kel**, die Artikel
der **Ar|tist** (Zirkuskünstler), die Artisten; die Artistin
der **Arzt**, die Ärzte; die Ärztin, die Ärztinnen; ärztlich; verarzten

die **Asche**; der Aschenbecher; der Aschermittwoch
Asi|en; der Asiat, die Asiaten; die Asiatin; asiatisch
der **As|phalt**; die Asphaltstraße
das **Ass**, die Asse
er **aß** → essen
der **Ast**, die Äste
der **As|tro|naut [Ast|ro|naut]**, die Astronauten; die Astronautin

das **Asyl** (Zufluchtsort); das Asylantenheim; der Asylbewerber
das **Ate|li|er** (Künstlerwerkstatt), die Ateliers; das Fotoatelier
der **Atem**; die Atmung; atmen; atemlos; atemberaubend
Athen (Hauptstadt von Griechenland)
der **Ath|let** (Sportler, Kraftmensch), die Athleten; die Athletin; athletisch
der **At|lan|tik**; der Atlantische Ozean
der **At|las**, die Atlanten
die **At|mo|sphä|re**
das **Atom**, die Atome; das Atomkraftwerk [AKW]
das **At|ten|tat** (Anschlag), die Attentate; der Attentäter
das **At|test** (ärztliche Bescheinigung)
die **At|trak|ti|on**, die Attraktionen; attraktiv

ät|zen; ätzend
auch; ich komme auch
auf; auf einmal; aufs Neue; das Auf und Ab
auf|be|wah|ren; die Aufbewahrung
auf|bre|chen → brechen
auf|ein|an|der [auf|ei|nan|der]
der **Auf|ent|halt**, die Aufenthalte; sich aufhalten → halten
auf|fal|len → fallen; auffällig
auf|for|dern → fordern; die Aufforderung
auf|füh|ren → führen; die Aufführung
die **Auf|ga|be**, die Aufgaben;
auf|ge|ben → geben
der **Auf|gang**, die Aufgänge
auf|ge|hen → gehen
auf|ge|regt
auf|hän|gen → hängen
auf|hö|ren → hören
auf|kle|ben → kleben; der Aufkleber
auf|la|den, er lädt auf
auf|merk|sam; die Aufmerksamkeit
die **Auf|nah|me**, die Aufnahmen
auf|pas|sen, sie passt auf; aufgepasst!; der Aufpasser
auf|räu|men; er räumt auf; aufgeräumt

auf|recht, sie steht aufrecht
auf|re|gen; die Aufregung
auf|rich|tig (ehrlich)
der **Auf|satz**, die Aufsätze
auf|schie|ben → schieben; der Aufschub
der **Auf|schnitt**; der Wurstaufschnitt
das **Auf|se|hen**; Aufsehen erregend
die **Auf|sicht** (in der Pause)
auf|ste|hen → stehen
der **Auf|trag**, die Aufträge
auf|tre|ten → treten; der Auftritt
auf|wa|chen, sie wacht auf
der **Auf|wand**; aufwändig
auf|wärts
auf|we|cken, er weckt auf
auf|wen|den → wenden
der **Auf|zug**, die Aufzüge
das **Au|ge**, die Augen; das Augenlid; der Augenblick; augenblicklich
der **Au|gust**
aus
aus|bes|sern, sie bessert aus
die **Aus|bil|dung**; ausbilden
der **Aus|blick**, die Ausblicke
die **Aus|dau|er**; ausdauernd
der **Aus|druck**, die Ausdrücke; ausdrücklich; ausdrücken

aus|ein|an|der [aus|ei|nan|der]
der **Aus|flug**, die Ausflüge
aus|führ|lich
die **Aus|ga|be**, die Ausgaben
der **Aus|gang**, die Ausgänge
aus|ge|ben → geben
aus|ge|fal|len (ungewöhnlich)
aus|ge|hen → gehen
aus|gie|big (reichlich)
aus|gie|ßen → gießen
der **Aus|guss**, die Ausgüsse
die **Aus|kunft**, die Auskünfte
das **Aus|land**; der Ausländer, die Ausländer, die Ausländerin; ausländisch
die **Aus|nah|me**, die Ausnahmen; ausnahmsweise
aus|pro|bie|ren → probieren
der **Aus|puff**, die Auspuffe
aus|rech|nen → rechnen
die **Aus|re|de**, die Ausreden
aus|rei|chen, es reicht aus; ausreichend
aus|rei|ßen → reißen; der Ausreißer; die Ausreißerin
aus|ru|fen → rufen; das Ausrufezeichen
aus|ru|hen → ruhen; ausgeruht
die **Aus|sa|ge**, die Aussagen

aus|schla|fen → schlafen
der **Aus|schlag**, die Ausschläge
aus|se|hen → sehen
au|ßen; von außen; äußerlich
au|ßer; außerdem; außerhalb
äu|ßern; die Äußerung
die **Aus|sicht**, die Aussichten; aussichtslos
die **Aus|spra|che**; der Ausspruch
die **Aus|stat|tung**; ausstatten
aus|stei|gen → steigen
aus|stel|len → stellen; die Ausstellung
aus|stop|fen → stopfen
Aus|tra|li|en [Aust|ra|li|en]; der Australier, die Australier, die Australierin; australisch
aus|wäh|len → wählen; die Auswahl
aus|wärts; auswärts essen; auswärtig
der **Aus|weg**; ausweglos
der **Aus|weis**, die Ausweise
aus|wen|dig; auswendig lernen
die **Aus|zeich|nung**; ausgezeichnet
aus|zie|hen → ziehen
das **Au|to**, die Autos; Auto fahren
das **Au|to|gramm** (Unterschrift), die Autogramme
der **Au|to|mat**, die Automaten; automatisch
die **Axt**, die Äxte

das **Ba|by**, die Babys; der Babysitter
der **Bach**, die Bäche
die **Ba|cke**, die Backen; der Backenzahn
ba|cken, er backt, ich backte [buk], ich habe gebacken; der Bäcker; die Bäckerin; die Bäckerei
ba|den; das Bad, die Bäder; das Badezimmer
Ba|den-Würt|tem|berg; baden-württembergisch
der **Bag|ger**, die Bagger; baggern
das [die] **Ba|guette** (Weißbrot), die Baguettes
die **Bahn**, die Bahnen; der Bahnhof; der Bahnsteig
die **Bah|re**, die Bahren
die **Bak|te|rie**, die Bakterien
ba|lan|cie|ren; die Balance
bald; möglichst bald; baldigst
sich **bal|gen**; die Balgerei
der **Bal|ken**, die Balken

Ba

der **Bal|kon**, die Balkons [Balkone]
der **Ball**, die Bälle; Ball spielen
das **Bal|lett**; die Balletttänzerin
der **Bal|lon**, die Ballons [Ballone]
die **Ba|na|ne**, die Bananen
das **Band**, die Bänder; das Armband
der **Band** (Buch), die Bände
die **Band** (Musikgruppe), die Bands
ban|da|gie|ren; er bandagiert einen Arm; die Bandage
die **Ban|de**, die Banden
bän|di|gen
der **Ban|dit**, die Banditen
ban|ge; mir ist bange
die **Bank** (Sitzgelegenheit), die Bänke
die **Bank** (Sparkasse), die Banken
bar; bar bezahlen; das Bargeld; barfuß
die **Bar**, die Bars; die Tanzbar
der **Bär**, die Bären
die **Ba|ra|cke** (einfache Unterkunft), die Baracken
barm|her|zig; die Barmherzigkeit
das **Ba|ro|me|ter** (Luftdruckmesser), die Barometer
der **Bar|ren**, die Barren
der **Bart**, die Bärte
der **Ba|sar** [Bazar], die Basare; der Weihnachtsbasar

der **Bas|ket|ball**, die Basketbälle; Basketball spielen

der **Bass** (tiefste Tonlage), die Bässe; die Bassgeige

der **Bast**, die Baste

bas|teln, sie bastelt; die Bastelei

die **Ba|tik**, die Batiken; batiken, er batikt; gebatikt; der Batikdruck

die **Bat|te|rie**, die Batterien

der **Bauch**, die Bäuche; die Bauchschmerzen; das Bauchweh

bau|en; der Bau, die Bauten; der Baukasten, die Baukästen

der **Bau|er** (Landwirt), die Bauern; die Bäuerin, die Bäuerinnen

das [der] **Bau|er** (Vogelkäfig), die Bauer

der **Baum**, die Bäume

bau|meln, es baumelt

die **Baum|wol|le**

Bay|ern; der Bayer, die Bayern, die Bayerin; bayerisch

der **Ba|zil|lus** (Krankheitserreger), die Bazillen

be|ach|ten → achten; beachtlich

der **Be|am|te**, die Beamten; die Beamtin, die Beamtinnen

be|an|tra|gen → tragen

be|ant|wor|ten → antworten

be|auf|sich|ti|gen, er beaufsichtigt

be|ben, es bebt; das Erdbeben

der **Be|cher**, die Becher

das **Be|cken**, die Becken; das Schwimmbecken

be|däch|tig

sich **be|dan|ken**, sie bedankt sich

der **Be|darf**

be|dau|ern; bedauerlich

be|de|cken; bedeckt

be|den|ken → denken; die Bedenken

be|deu|ten, es bedeutet; bedeutend; die Bedeutung

be|die|nen; die Bedienung

die **Be|din|gung**, die Bedingungen

be|dro|hen, er bedroht; bedrohlich; die Bedrohung

der **Be|du|i|ne**, die Beduinen

das **Be|dürf|nis**, die Bedürfnisse; bedürftig

sich **be|ei|len**; beeile dich!

be|ein|dru|cken; beeindruckend

be|ein|flus|sen; die Beeinflussung

be|en|den; beendigen

be|er|di|gen; die Beerdigung

die **Bee|re**, die Beeren

das **Beet**, die Beete

be|feh|len, sie befiehlt; der Befehl

be|fes|ti|gen, er befestigt; die Befestigung

be|frei|en; die Befreiung
be|frie|di|gend; die Befriedigung
be|fruch|ten; die Befruchtung
be|fürch|ten → fürchten; die Befürchtung
be|gabt; die Begabung
be|geg|nen; die Begegnung
be|geis|tern; die Begeisterung
be|gie|rig; die Begierde
be|gie|ßen → gießen
be|gin|nen, sie beginnt, ich begann; der Beginn; zu Beginn
be|glei|ten, er begleitet; die Begleitung; der Begleiter, die Begleiter; die Begleiterin
be|glück|wün|schen → wünschen
be|gra|ben → graben; das Begräbnis, die Begräbnisse
be|grei|fen, sie begreift, ich begriff; der Begriff
be|grün|den; die Begründung
be|grü|ßen → grüßen; die Begrüßung
be|hag|lich (gemütlich)
be|hal|ten → halten; der Behälter
be|han|deln → handeln; die Behandlung
be|haup|ten; die Behauptung
be|he|ben → heben

Be

be|herr|schen → herrschen
be|hilf|lich
be|hin|dert; die Behinderung
die **Be|hör|de**, die Behörden
be|hut|sam (vorsichtig)
bei
beich|ten; die Beichte
bei|de; alle beide
bei|ein|an|der [bei|ei|nan|der]
der **Bei|fah|rer**, die Beifahrer; die Beifahrerin
der **Bei|fall**; Beifall klatschen
beige (sandfarben)
das **Beil**, die Beile
das **Bei|leid**; jemandem sein Beileid aussprechen
beim (bei dem)
das **Bein**, die Beine
bei|na|he (fast)
bei|sam|men; beisammen sein
das **Bei|spiel**, die Beispiele; zum Beispiel [z. B.]
bei|ßen, er beißt, ich biss, ich habe gebissen; der Biss
der **Bei|trag**, die Beiträge
be|ja|hen, sie bejaht
be|kannt; der Bekannte, die Bekannten; die Bekanntschaft
die **Be|klei|dung**

be|kom|men → kommen
be|las|ten; die Belastung
be|läs|ti|gen; die Belästigung
be|lei|di|gen; die Beleidigung; beleidigt
be|leuch|ten; die Beleuchtung
Bel|gi|en; der Belgier, die Belgier, die Belgierin; belgisch
Bel|grad (Hauptstadt von Serbien und Montenegro)
be|lie|big; beliebig oft
be|liebt; die Beliebtheit
bel|len, er bellt, er bellte, er hat gebellt; das Gebell
be|loh|nen; die Belohnung
be|mer|ken → merken; die Bemerkung
sich **be|mü|hen**; die Bemühung
be|nach|rich|ti|gen
sich **be|neh|men** → nehmen; benimm dich!; das Benehmen
be|nei|den, er beneidet ihn
der **Ben|gel**, die Bengel
be|nö|ti|gen (brauchen)
be|nut|zen; die Benutzung
das **Ben|zin**; der Benzinkanister
be|ob|ach|ten [be|o|bach|ten], sie beobachtet; die Beobachtung
be|quem; die Bequemlichkeit

Be

be|ra|ten, sie berät, ich beriet, ich habe beraten; die Beratung
be|rech|tigt; die Berechtigung
der **Be|reich**, die Bereiche
be|reit; bereit sein; die Bereitschaft
be|reits; sie ist bereits da
be|reu|en; er bereut es
der **Berg**, die Berge; bergig; bergab; das Bergwerk

ber|gen, er birgt, ich barg, ich habe geborgen
be|rich|ten; der Bericht, die Berichte
be|rich|ti|gen; die Berichtigung
Ber|lin; der Berliner, die Berliner, die Berlinerin; berlinisch
Bern (Hauptstadt der Schweiz)
be|rüch|tigt
be|rück|sich|ti|gen, er berücksichtigt
der **Be|ruf**, die Berufe; berufstätig
be|ru|hi|gen; die Beruhigung
be|rühmt
be|rüh|ren; die Berührung
be|schä|di|gen; beschädigt; die Beschädigung

A B C D E F G H I J K L M N O P Qu R S T U V W X Y Z

Be

Be

be|schäf|ti|gen; beschäftigt; die Beschäftigung

der **Be|scheid**, die Bescheide; Bescheid wissen

be|schei|den; die Bescheidenheit

die **Be|schei|ni|gung**, die Bescheinigungen; bescheinigen

be|sche|ren; die Bescherung

be|schleu|ni|gen; die Beschleunigung

be|schlie|ßen → schließen; der Beschluss, die Beschlüsse

be|schrei|ben → schreiben; die Beschreibung

be|schüt|zen → schützen

sich **be|schwe|ren**; die Beschwerde

der **Be|sen**, die Besen

be|sich|ti|gen; die Besichtigung

be|sie|gen; der Besiegte, die Besiegten; die Besiegte

sich **be|sin|nen**, sie besinnt sich; die Besinnung; besinnungslos

be|sit|zen; der Besitz; der Besitzer, die Besitzer; die Besitzerin

be|son|ders; die Besonderheit

be|sor|gen; die Besorgung; besorgt sein

be|spre|chen → sprechen; die Besprechung

bes|ser → gut; am besten

be|ste|chen → stechen; die Bestechung

das **Be|steck**, die Bestecke

be|ste|hen → stehen

be|stel|len → stellen; die Bestellung

die **Bes|tie**, die Bestien

be|stim|men, sie bestimmt; die Bestimmung

be|stra|fen; die Bestrafung

die **Be|strah|lung**; bestrahlen

be|strei|ten → streiten

der **Be|such**, die Besuche; besuchen; der Besucher, die Besucher

be|täu|ben; die Betäubung; betäubt

be|tei|li|gen; die Beteiligung

be|ten; das Gebet, die Gebete

der **Be|ton**; betonieren

die **Be|to|nung**; betonen

be|trach|ten; die Betrachtung

der **Be|trag**, die Beträge

be|treu|en; die Betreuung

der **Be|trieb**, die Betriebe

be|trü|ben; es betrübt mich

be|trü|gen, er betrügt, ich betrog, ich habe betrogen; der Betrug; der Betrüger, die Betrüger; die Betrügerin

das **Bett**, die Betten; zu Bett gehen;
die Bettdecke

bet|teln; der Bettler, die Bettler;
die Bettlerin
beu|gen; die Kniebeuge
die **Beu|le**, die Beulen
be|ur|tei|len; die Beurteilung
die **Beu|te**; die Jagdbeute; erbeuten
der **Beu|tel**, die Beutel
die **Be|völ|ke|rung**
be|vor; bevor ich komme, rufe ich an
be|vor|zu|gen (etwas lieber mögen),
sie bevorzugt Pizza; bevorzugt
be|wäs|sern; die Bewässerung
be|we|gen; die Bewegung
be|weg|lich; bewegt
der **Be|weis**, die Beweise; beweisen
be|wer|ben → werben;
die Bewerbung
be|wir|ten, sie bewirtet uns
be|woh|nen → wohnen;
der Bewohner, die Bewohner
be|wölkt; die Bewölkung

be|wun|dern; die Bewunderung
be|wusst; bewusstlos;
das Bewusstsein
be|zah|len; die Bezahlung
die **Be|zeich|nung**; bezeichnen
be|zie|hungs|wei|se [bzw.]
der **Be|zirk**, die Bezirke
die **Bi|bel**, die Bibeln
der **Bi|ber**, die Biber
die **Bib|lio|thek [Bi|blio|thek]**,
die Bibliotheken
bie|gen, er biegt; biegsam; abbiegen;
die Biegung, die Biegungen
die **Bie|ne**, die Bienen
das **Bier**, die Biere
bie|ten, sie bietet, ich bot,
ich habe geboten; das Gebot
der **Bi|ki|ni**, die Bikinis
das **Bild**, die Bilder
bil|den; die Bildung
bil|lig
ich **bin** → sein
bin|den, er bindet, ich band,
ich habe gebunden;
die Binde; die Bindung;
der Bindestrich; der Bindfaden
die **Bio|lo|gie**; der Biologieunterricht
das [der] **Bio|top**, die Biotope
die **Bir|ke**, die Birken

die **Bir|ne**, die Birnen
bis; bis Hamburg; bis heute
der **Bi|schof**, die Bischöfe
bis|her
der **Biss**, die Bisse; bissig
biss|chen; ein bisschen
du **bist** → sein
bit|ten, sie bittet, ich bat, ich habe gebeten; die Bitte
bit|ter; die Bitterkeit
bla|mie|ren; die Blamage
blank
blan|ko (leer, nicht ausgefüllt)
die **Bla|se**, die Blasen; das Bläschen
bla|sen, er bläst, ich blies, ich habe geblasen
blass, blasser, am blassesten; die Blässe
das **Blatt**, die Blätter; blättern
blau; bläulich; die Blaubeere
das **Blech**, die Bleche; blechern
das **Blei**; bleiern
blei|ben, er bleibt, ich blieb, ich bin geblieben; die Bleibe; stehen bleiben; sitzen bleiben
bleich; das Bleichgesicht
der **Blei|stift**, die Bleistifte
blen|den; die Blendung
bli|cken; der Blick, die Blicke

blind; der Blinde
der **Blind|darm**; die Blinddarmentzündung
blin|ken; der Blinker (am Auto)
blin|zeln, ich blinzele [blinzle]
der **Blitz**, die Blitze; blitzen; blitzschnell

der **Block**, die Blöcke [Blocks]
die **Block|flö|te**, die Blockflöten
blöd [blöde]; der Blödsinn
blö|ken; das Schaf blökt
blond
bloß (nur); bloß ein Euro
bloß (nackt); mit bloßen Füßen
blub|bern, es blubbert
blü|hen, es blüht; verblüht
die **Blu|me**, die Blumen
der **Blu|men|kohl**
die **Blu|se**, die Blusen
die **Blü|te**, die Blüten
blu|ten; das Blut; blutig
die **Bö** [Böe] (Windstoß), die Böen; böig
der **Bob|schlit|ten**, die Bobschlitten
der **Bock**, die Böcke; bockig
der **Bo|den**, die Böden
der **Bo|gen**, die Bogen [Bögen]
die **Boh|ne**, die Bohnen
boh|nern; das Bohnerwachs

bohlren; der Bohrer, die Bohrer; die Bohrmaschine
der **Boiller** (Warmwasserbereiter), die Boiler
die **Bolje** (Seezeichen), die Bojen
bollzen (Fußball spielen); der Bolzplatz
die **Bomlbe**, die Bomben; bombardieren
der **Bon**, die Bons
der [das] **Bonlbon**, die Bonbons
das **Boot**, die Boote
das **Bord**, die Borde; der Bordstein; das Bücherbord; an Bord gehen
borlgen; Geld borgen
die **Börlse**, die Börsen
die **Borslte**, die Borsten; borstig
bölse; bösartig; boshaft; nichts Böses; der Bösewicht
die **Bölschung**, die Böschungen
Boslnilen-Herlzelgolwilna
der **Boss**, die Bosse
der **Bolte**, die Boten; die Botschaft
die **Boultique** (kleiner Laden), die Boutiquen
bolxen, er boxt; der Boxer, die Boxer; die Boxerin; der Boxkampf
der **Brand**, die Brände

Branldenlburg; der Brandenburger, die Brandenburger, die Brandenburgerin; brandenburgisch
die **Branldung**, die Brandungen
bralten, er brät, ich briet, ich habe gebraten; der Braten
der **Brauch**, die Bräuche
braulchen, er braucht, ich brauchte, ich habe gebraucht
die **Braulelrei**, die Brauereien
braun; bräunlich; sich bräunen
braulsen; die Brause
die **Braut**, die Bräute
der **Bräultilgam**, die Bräutigame
brav
bralvo!
brelchen, er bricht, ich brach, ich habe gebrochen; der Bruch
der **Brei**, die Breie; breiig
breit; die Breite
Brelmen; der Bremer, die Bremer, die Bremerin; bremisch
bremlsen, er bremst; die Bremse, die Bremsen
brenlnen, es brennt, es brannte, es hat gebrannt
die **Brennlneslsel**, die Brennnesseln

A B C D E F G H I J K L M N O P Qu R S T U V W X Y Z

brenz|lig

das **Brett**, die Bretter

die **Bre|zel**, die Brezeln

der **Brief**, die Briefe; brieflich; die Briefmarke

der **Bril|lant**, die Brillanten

die **Bril|le**, die Brillen; das Brillenetui

brin|gen, er bringt, ich brachte, ich habe gebracht

die **Bri|se** (leichter Wind), die Brisen

der **Bro|cken**, die Brocken; bröckeln; bröckelig [bröcklig]

bro|deln, es brodelt

der **Brok|ko|li** [Broccoli]

die **Brom|bee|re**, die Brombeeren

die **Bron|chi|tis** (Krankheit); die Bronchien

die **Bron|ze**; die Bronzemedaille

die **Bro|schü|re** (kleines Heft), die Broschüren

das **Brot**, die Brote; das Brötchen, die Brötchen

der **Bruch**, die Brüche; brüchig

die **Brü|cke**, die Brücken

der **Bru|der**, die Brüder; brüderlich

die **Brü|he**, die Brühen; brühen

brül|len; das Gebrüll

brum|men; der Brummer

brü|nett (braunhaarig)

der **Brun|nen**, die Brunnen

Brüs|sel (Hauptstadt von Belgien)

die **Brust**, die Brüste

bru|tal; die Brutalität

brü|ten; die Brut; der Brutkasten

brut|zeln (braten); das Essen brutzelt im Ofen

der **Bub** [der Bube], die Buben

das **Buch**, die Bücher; das Bücherbord; die Bücherei; die Buchhändlerin

die **Bu|che**, die Buchen; die Buchecker; der Buchfink

die **Büch|se**, die Büchsen

der **Buch|sta|be**, die Buchstaben; buchstabieren

die **Bucht**, die Buchten

der **Bu|ckel**, die Buckel; bucklig [buckelig]

sich **bü|cken**, er bückt sich

Bu|da|pest (Hauptstadt von Ungarn)

die **Bu|de**, die Buden

der **Büf|fel**, die Büffel

das **Büf|fet** [Buffet], die Büffets

der **Bü|gel**, die Bügel

bü|geln; das Bügeleisen

Bu

die **Büh|ne**, die Bühnen

Bul|ga|ri|en; der Bulgare, die Bulgaren, die Bulgarin; bulgarisch

der **Bul|le**, die Bullen

der **Bu|me|rang**, die Bumerangs

bum|meln; der Bummel

das **Bund** (Zusammengebundenes), die Bunde; das Schlüsselbund

der **Bund** (Vereinigung), die Bünde

der **Bun|des|kanz|ler**

die **Bun|des|li|ga**

der **Bun|des|prä|si|dent**

die **Bun|des|re|pu|blik** **[Bun|des|re|pub|lik]**

die **Bun|des|stra|ße**

die **Bun|des|wehr**

das **Bün|del**, die Bündel; bündeln

das **Bünd|nis**, die Bündnisse; verbündet

der **Bun|ker**, die Bunker

bunt; der Buntstift; das Buntpapier; der Buntspecht

die **Burg**, die Burgen

bür|gen; der Bürge; die Bürgin

der **Bür|ger**, die Bürger; die Bürgerin, die Bürgerinnen; der Bürgermeister; der Bürgersteig

das **Bü|ro**, die Büros

der **Bur|sche**, die Burschen

die **Bürs|te**, die Bürsten; bürsten

der **Bus**, die Busse; die Buslinie

der **Busch**, die Büsche; buschig

das **Bü|schel**, die Büschel

der **Bu|sen**, die Busen

der **Bus|sard**, die Bussarde

bü|ßen; die Buße; der Bußtag

die **But|ter**; butterweich; die Buttermilch

Ca bis Ch

das **Ca|fé**, die Cafés; die Cafeteria

das **Cam|ping**; campen; der Campingplatz

die **CD** (Compactdisc), die CDs; die CD-ROM; der CD-Player

das **Cel|lo** (Musikinstrument), die Cellos [Celli]

Cel|si|us; 9 Grad Celsius [9°C]

der **Cent** [ct], die Cent [Cents]

das **Cha|mä|le|on** (Echse), die Chamäleons

der **Cham|pig|non [Cham|pi|gnon]**, die Champignons

der **Cham|pi|on** (Gewinner), die Champions

die **Chan|ce**, die Chancen

das **Cha|os**; chaotisch

der **Cha|rak|ter**; charakteristisch

der **Chef**, die Chefs; die Chefin

die **Che|mie**; chemisch

Chi|na; der Chinese, die Chinesen, die Chinesin; chinesisch

Ch bis Cu

der **Chip**, die Chips

der **Chi|rurg [Chir|urg]**, die Chirurgen

das **Chlor**; das Chlorwasser

der **Chor**, die Chöre; der Choral

der **Christ**, die Christen; christlich; Christus; der Christbaum

das **Chrom**; verchromt

cir|ca [zirka, ca.]

die **Ci|ty** (Innenstadt), die Citys

die **Cli|que** (Gruppe), die Cliquen

der **Clown**, die Clowns

das **Cock|pit**, die Cockpits

die **Col|la|ge** (geklebtes Bild), die Collagen

der **Co|mic**, die Comics

der **Com|pu|ter**, die Computer

der **Con|tai|ner**, die Container

cool

die **Couch** (Sofa), die Couches [Couchen]

der **Cou|sin**, die Cousins; die Cousine [Kusine]

der **Cow|boy**, die Cowboys

die **Creme** [Krem, Kreme], die Cremes; cremen

das **Crois|sant** (Hörnchen), die Croissants

der [das] **Cur|ry** (Gewürz); die Currywurst

Da

da; da und dort; da sein, er ist da
da|bei
das **Dach**, die Dächer
der **Dachs**, die Dachse
der **Da|ckel**, die Dackel
da|durch; dadurch, dass …
da|für; ich bin dafür, dass …
da|ge|gen
da|heim; daheimbleiben
da|her
da|hin
da|hin|ter
da|mals
die **Da|me**, die Damen
da|mit
däm|lich; die Dämlichkeit
der **Damm**, die Dämme; dämmen; eindämmen
die **Däm|me|rung**; dämmern; dämmerig [dämmrig]
der **Dampf**, die Dämpfe; dampfen; dämpfen (mit Dampf kochen)
der **Damp|fer**, die Dampfer
da|nach
da|ne|ben
Dä|ne|mark; der Däne, die Dänen, die Dänin; dänisch
dan|ken; dankbar; der Dank
dann; dann und wann
da|ran [dar|an]
da|rauf [dar|auf]
da|raus [dar|aus]
da|rein [dar|ein] [drein]; dareinreden
da|rin [dar|in] [drin]
der **Darm**, die Därme
dar|stel|len; die Darstellung; der Darsteller; die Darstellerin
da|rü|ber [dar|ü|ber] [drüber]
da|rum [dar|um] [drum]
da|run|ter [dar|un|ter] [drunter]
das (der, die, das); das Lied
dass; ich möchte, dass …
das|sel|be; ein und dasselbe
der **Da|tiv** (3. Fall, Wemfall)
die **Dat|tel**, die Datteln
das **Da|tum**, die Daten
dau|ern; es dauert lange
dau|ernd; dauerhaft; die Dauer
der **Dau|men**, die Daumen
da|von; davonlaufen
da|vor

da|zu
da|zwi|schen
das **Deck**, die Decks [Decke]
die **De|cke**, die Decken
der **De|ckel**, die Deckel
de|cken; zudecken; die Deckung
de|fekt (kaputt); der Defekt
deh|nen; die Dehnung
der **Deich** (Damm), die Deiche
die **Deich|sel**, die Deichseln
dein; deine; deiner; deinetwegen
de|ko|rie|ren (schmücken); die Dekoration

der **Del|fin** [Delphin], die Delfine
die **De|li|ka|tes|se**, die Delikatessen
die **Del|le** (Beule), die Dellen
dem; vor dem Haus
dem|nächst
die **De|mo|kra|tie**, die Demokratien; demokratisch
de|mons|trie|ren [de|monst|rie|ren]; die Demonstration
die **De|mut**; demütig
den; ich nehme den Stift
de|nen; Kinder, mit denen ich spiele
den|ken, er denkt, ich dachte, ich habe gedacht; das Denken
das **Denk|mal**, die Denkmäler [Denkmale]
denn

den|noch
der (der, die, das); der Hund
de|ren; Väter, deren Kinder krank sind
der|je|ni|ge, diejenige, dasjenige
der|sel|be, dieselbe, dasselbe
des; die Brille des Mannes
des|halb
des|sen; der Junge, dessen Heft fehlt
das **Des|sert** (Nachspeise), die Desserts
des|to; desto besser
des|we|gen
der **De|tek|tiv**, die Detektive; die Detektivin
deut|lich; die Deutlichkeit
deutsch; deutsche Städte; das Deutsch (die Sprache); er kann schon gut Deutsch; Deutschland; der Deutsche, die Deutschen, die Deutsche
der **De|zem|ber**
der **De|zi|me|ter** [dm], die Dezimeter
das **Dia** (Lichtbild), die Dias; der Diaprojektor
der **Di|a|lekt** (Mundart), die Dialekte
der **Di|a|mant**, die Diamanten
die **Di|ät** (Schonkost)
dich; dich kenne ich
dicht; die Dichte

dich|ten; der Dichter
dick; das Dickicht
die (der, die, das); die Schule
der **Dieb**, die Diebe; der Diebstahl
die **Die|le**, die Dielen
die|nen; bedienen; verdienen; der Diener, die Diener; die Dienerin
der **Dienst**, die Dienste; dienstlich
der **Diens|tag**; der Dienstagabend; am Dienstagmorgen; dienstags
der **Die|sel**; der Dieselmotor
dies, diese, dieser, dieses
die|sem, diesen
die|sig (neblig)
die **Dif|fe|renz** (Unterschied, Streit), die Differenzen
di|gi|tal; die Digitaluhr
das **Dik|tat**, die Diktate; diktieren
der **Dill** (Kräuterpflanze); die Dillsoße
das **Ding**, die Dinge
der **Di|no|sau|ri|er**, die Dinosaurier
das **Di|plom [Dip|lom]** (Urkunde), die Diplome
dir; wie geht es dir?
di|rekt; der direkte Weg
der **Di|rek|tor**, die Direktoren; die Direktorin, die Direktorinnen
der **Di|ri|gent**, die Dirigenten; die Dirigentin; dirigieren

das **Dirndl** (Trachtenkleid), die Dirndl
die **Dis|ket|te** (Datenspeicher), die Disketten
die **Dis|ko|thek** [Disko, Disco] (Tanzlokal), die Diskotheken; der Diskjockey
die **Dis|kus|si|on**, die Diskussionen; diskutieren
dis|qua|li|fi|zie|ren (vom Wettkampf ausschließen); disqualifiziert
die **Dis|tanz [Di|stanz]** (Entfernung)
die **Dis|tel**, die Disteln
die **Dis|zi|plin [Dis|zip|lin]** (Ordnung); diszipliniert
di|vi|die|ren (teilen); die Division
doch
der **Docht**, die Dochte; der Kerzendocht
die **Dog|ge**, die Doggen
der **Dok|tor** [Dr.], die Doktoren; die Doktorin
der **Dolch**, die Dolche
der **Dol|lar**, die Dollars
der **Dol|met|scher** (Übersetzer)
der **Dom** (Kirche), die Dome
das **Do|mi|no**, die Dominos; die Dominosteine
der **Domp|teur** (Tierbändiger), die Dompteure; die Dompteuse
die **Do|nau** (Fluss)

der **Dö|ner** (türkische Speise), die Döner
don|nern; der Donner
der **Don|ners|tag**; donnerstags
doof; die Doofheit
das **Do|ping** (unerlaubte Einnahme von Medikamenten beim Sport); dopen
dop|pelt; verdoppeln; das Doppelte
das **Dorf**, die Dörfer
der **Dorn**, die Dornen; dornig
dort; dorthin; von dort
Dort|mund
die **Do|se**, die Dosen
dö|sen (halb schlafen), er döst
der [das] **Dot|ter** (Eigelb), die Dotter; dottergelb
der **Dra|che** (Fabeltier), die Drachen

der **Dra|chen** (Fluggerät), die Drachen
der **Draht**, die Drähte; drahtig
das **Dra|ma**, die Dramen; dramatisch
dran; drauf und dran
drän|geln; die Drängelei
drän|gen; das Gedränge
drau|ßen

dre|ckig; verdreckt; der Dreck
dre|hen, er dreht; der Dreher; die Drehung
drei; dreizehn; dreißig; dreihundert; dreifach; um drei; die Drei; die Dreiviertelstunde
das **Drei|eck**, die Dreiecke; dreieckig
dre|schen; die Dreschmaschine
Dres|den
dres|sie|ren; die Dressur
drib|beln (Fußballbegriff), er dribbelt; das Dribbling
drin [darin]
drin|gen; er dringt auf eine Lösung; ich drang, ich habe gedrungen
drin|gend (eilig)
drin|nen
drit|tens; zum dritten Mal; das Drittel; zu dritt; der Dritte
die **Dro|ge**, die Drogen
die **Dro|ge|rie**, die Drogerien; der Drogist; die Drogistin
dro|hen; drohend; die Drohung
dröh|nen; dröhnend
drol|lig
das **Dro|me|dar**, die Dromedare
der [das] **Drops** (Fruchtbonbon), die Drops
die **Dros|sel**, die Drosseln

drü|ben (auf der anderen Seite); drüber
der **Druck**, die Drucke; drucken; der Drucker; die Druckerei
drü|cken; der Druckknopf
drun|ter; drunter und drüber
die **Drü|se**, die Drüsen
der **Dschun|gel** (dichter Urwald)
du
der **Dü|bel**, die Dübel
Dub|lin (Hauptstadt der Republik Irland)
sich **du|cken**, er duckt sich
das **Du|ell**, die Duelle
der **Duft**, die Düfte; duften; duftig
Duis|burg
dul|den; duldsam
dumm, dümmer, am dümmsten; dümmlich; die Dummheit
dumpf
die **Dü|ne** (Sandhügel), die Dünen
der **Dün|ger**; düngen; der Dung
dun|kel; dunkelblau; verdunkeln; die Dunkelheit
dünn; durch dick und dünn
der **Dunst**, die Dünste; verdunsten
das **Dur** (Tonart); ein Lied in C-Dur
durch; durchaus; durcheinander
der **Durch|blick**; durchblicken

die **Durch|blu|tung**; durchblutet
der **Durch|fall**, die Durchfälle
durch|füh|ren; die Durchführung
durch|hal|ten → halten
durch|las|sen → lassen; durchlässig
der **Durch|mes|ser**
der **Durch|schnitt**; durchschnittlich
sich **durch|set|zen** → setzen
durch|sich|tig; die Durchsicht
durch|su|chen; die Durchsuchung
dür|fen, sie darf, ich durfte, ich habe gedurft
dürf|tig (ärmlich)
dürr; die Dürre
der **Durst**; durstig; verdursten
du|schen; die Dusche
die **Dü|se**, die Düsen; das Düsenflugzeug
Düs|sel|dorf
düs|ter [duster]
das **Dut|zend** (12 Stück), die Dutzende; dutzendweise
du|zen; ihr duzt euch
dy|na|misch (schwungvoll)
das **Dy|na|mit** (Sprengstoff)
der **Dy|na|mo**, die Dynamos
der **D-Zug**, die D-Züge

die **Eb|be**; Ebbe und Flut
eben (flach); zu ebener Erde;
die Ebene, die Ebenen; ebnen
eben (soeben);
du bist eben gekommen
eben (gleich); ebenfalls;
ebenso gut; ebenso oft
der **Eber**, die Eber
das **Echo**, die Echos
echt; die Echtheit
die **Ecke**, die Ecken; eckig;
der Eckschrank
edel; veredeln; die Edeltanne
die **EDV** (elektronische
Datenverarbeitung)
der **Efeu**; die Efeuranke
der **Ef|fekt** (Wirkung), die Effekte
egal; das ist mir egal
ego|is|tisch (selbstsüchtig);
der Egoist; die Egoistin; der Egoismus
die **Ehe**, die Ehen; das Ehepaar;
die Ehefrau; der Ehemann

ehe, eher, am ehesten;
ehe du kamst, …
die **Eh|re**, die Ehren; ehren; verehren;
das Ehrenwort
der **Ehr|geiz**; ehrgeizig
ehr|lich; die Ehrlichkeit
das **Ei**, die Eier; das Eigelb; das Eiweiß;
eiförmig
die **Ei|che**, die Eichen
die **Ei|chel**, die Eicheln
das **Eich|hörn|chen**, die Eichhörnchen
die **Ei|dech|se**, die Eidechsen
die **Ei|fer|sucht**; eifersüchtig
eif|rig; der Eifer
ei|gen; ein eigenes Haus
ei|gen|ar|tig; die Eigenart
die **Ei|gen|schaft**, die Eigenschaften
das **Ei|gen|schafts|wort** (Adjektiv,
Wiewort), die Eigenschaftswörter
der **Ei|gen|sinn**; eigensinnig
ei|gent|lich
das **Ei|gen|tum**; der Eigentümer,
die Eigentümer; die Eigentümerin
sich **eig|nen**; geeignet
ei|len; eilig; die Eile
der **Ei|mer**, die Eimer
ein; eine; einem; einen; einer; eines;
eineinhalb [anderthalb]
ein|an|der [ei|nan|der]

die **Ein|bahn|stra|ße**

der **Ein|band**, die Einbände

die **Ein|bil|dung**, die Einbildungen; eingebildet; sich etwas einbilden

der **Ein|bre|cher**, die Einbrecher; einbrechen → brechen

ein|deu|tig

ein|drin|gen → dringen; eindringlich

der **Ein|druck**, die Eindrücke; eindrucksvoll

ei|ner|lei; das ist mir einerlei

ein|fach

ein|fä|deln

die **Ein|fahrt**, die Einfahrten

der **Ein|fall**, die Einfälle; einfallsreich; einfallen → fallen

ein|fäl|tig (leichtgläubig)

der **Ein|fluss**, die Einflüsse; einflussreich; beeinflussen

der **Ein|gang**, die Eingänge

ein|ge|bil|det

die **Ein|ge|wei|de** (innere Körperorgane wie Herz, Lunge)

ein|gie|ßen → gießen

die **Ein|heit**, die Einheiten; einheitlich

ei|nig; die Einigkeit; sich einigen; vereinigen

ei|ni|ge; einiges; einigermaßen

Ei

der **Ein|kauf**, die Einkäufe; einkaufen; das Einkaufszentrum

das **Ein|kom|men**, die Einkommen

ein|la|den, sie lädt ein, ich lud ein, ich habe eingeladen; die Einladung; einladend

der **Ein|lass**; einlassen → lassen

die **Ein|lei|tung**, die Einleitungen

ein|ma|chen; sie macht Obst ein

ein|mal; auf einmal; einmalig

das **Ein|mal|eins**

die **Ein|nah|me**, die Einnahmen; einnehmen → nehmen

ein|pa|cken → packen; eingepackt

ein|prä|gen; einprägsam

die **Ein|rich|tung**, die Einrichtungen

eins; es ist eins (1 Uhr); die Eins im Zeugnis; der Einser

ein|sam; die Einsamkeit

der **Ein|satz**, die Einsätze

ein|schen|ken; Tee einschenken

ein|schla|fen → schlafen

ein|schlie|ßen → schließen; einschließlich; eingeschlossen

ein|schu|len; sie wird eingeschult; die Einschulung

ein|sei|tig

die **Ein|sicht**, die Einsichten; einsichtig; einsehen

ein|sper|ren
einst; einstmals; einstweilen
ein|stei|gen → steigen
ein|stim|mig
die **Ein|tei|lung**, die Einteilungen; einteilen
ein|tre|ten → treten; der Eintritt; die Eintrittskarte
ein|ver|stan|den
der **Ein|wand**, die Einwände; einwandfrei
der **Ein|woh|ner**, die Einwohner; die Einwohnerin
die **Ein|zahl**; Einzahl und Mehrzahl
die **Ein|zel|heit**, die Einzelheiten
ein|zeln; einzelne Wörter; jeder Einzelne
ein|zie|hen → ziehen; der Einzug
ein|zig; einzige; einzigartig
das **Eis**, zwei Eis; eiskalt; eisig; eislaufen, ich laufe eis; die Eisbahn; das Eishockey

das **Ei|sen**, die Eisen; eisern; die Eisenbahn
ei|tel; die Eitelkeit
der **Ei|ter**; eitern; eitrig
sich **ekeln**, ich ekele [ekle] mich; der Ekel; ekelig [eklig]

elas|tisch; die Elastizität
die **El|be** (Fluss)
der **Elch**, die Elche
der **Ele|fant**, die Elefanten
ele|gant; die Eleganz
elekt|risch [elek|trisch]; die Elektrizität; der Elektriker, die Elektriker
das **Ele|ment**, die Elemente
das **Elend**; mir ist elend; elendig
elf; der Elfmeter
die **El|fe** (Märchengestalt), die Elfen
das **El|fen|bein**
der **Ell|bo|gen** [Ellenbogen], die Ellbogen
die **Els|ter**, die Elstern
die **El|tern**; die Großeltern; der Elternabend; das Elternhaus
die [das] **E-Mail** (elektronische Post), die E-Mails; die E-Mail-Adresse
emp|fan|gen, er empfängt, ich empfing, ich habe empfangen; der Empfang; der Empfänger
emp|feh|len, sie empfiehlt, ich empfahl, ich habe empfohlen; die Empfehlung; empfehlenswert
emp|fin|den, er empfindet, ich empfand, ich habe empfunden; die Empfindung; empfindlich

em|por; emporsteigen
sich **em|pö|ren**; die Empörung; empörend
em|sig
das **En|de**, die Enden; am Ende; zu Ende sein; beenden;
end|gül|tig; endlich; enden; endlos
die **Ener|gie**, die Energien; energisch
eng; die Enge; der Engpass
der **En|gel**, die Engel
Eng|land; der Engländer, die Engländer; die Engländerin; englisch; auf Englisch
der **En|kel**, die Enkel; die Enkelin, die Enkelinnen
enorm (außerordentlich)
ent|beh|ren; die Entbehrung
die **Ent|bin|dung** (Geburt); entbinden
ent|de|cken; die Entdeckung
die **En|te**, die Enten; der Enterich
ent|fer|nen; die Entfernung; entfernt
ent|füh|ren; die Entführung
ent|ge|gen
ent|geg|nen; die Entgegnung
ent|glei|sen; die Entgleisung
ent|hal|ten → halten; die Enthaltung
ent|kom|men → kommen
ent|lang; den Weg entlang
ent|las|sen → lassen
ent|lau|fen → laufen
sich **ent|rüs|ten**; die Entrüstung
die **Ent|schä|di|gung**, die Entschädigungen
ent|schei|den, sie entscheidet, ich entschied, ich habe entschieden; die Entscheidung
sich **ent|schlie|ßen**, er entschließt sich, ich entschloss mich, ich habe mich entschlossen; der Entschluss, die Entschlüsse
ent|schul|di|gen; die Entschuldigung
das **Ent|set|zen**; entsetzlich
ent|span|nen; die Entspannung
ent|spre|chen → sprechen; entsprechend
ent|ste|hen; die Entstehung
ent|täu|schen; die Enttäuschung; enttäuscht; enttäuschend
ent|wäs|sern; die Entwässerung
ent|we|der … oder …
ent|wer|fen, sie entwirft, ich entwarf, ich habe entworfen; der Entwurf, die Entwürfe
ent|wer|ten; Fahrkarten entwerten
ent|wi|ckeln; die Entwicklung
ent|zif|fern
ent|zü|ckend; das Entzücken
die **Ent|zün|dung**, die Entzündungen; entzündet

ent|zwei; die Tasse ist entzwei

er; er ist mein Freund

das **Er|bar|men**; erbärmlich; sich erbarmen

er|ben; der Erbe, die Erben; die Erbin; das Erbe

er|bli|cken

er|bost sein, sie ist erbost

die **Erb|se**, die Erbsen

das **Erd|be|ben**, die Erdbeben

die **Erd|bee|re**, die Erdbeeren

die **Er|de**; der Erdboden; der Erdball

das **Erd|gas**

die **Erd|nuss**, die Erdnüsse

das **Erd|öl**

das **Er|eig|nis**, die Ereignisse; sich ereignen; ereignisreich

er|fah|ren, sie erfährt, ich erfuhr, ich habe erfahren; die Erfahrung, die Erfahrungen

er|fin|den → finden; die Erfindung

der **Er|folg**, die Erfolge; erfolgreich

er|for|schen → forschen

er|freu|lich; erfreuen

er|frie|ren → frieren

er|fri|schen; erfrischend

er|fül|len → füllen; die Erfüllung

Er|furt

er|gän|zen; die Ergänzung

das **Er|geb|nis**, die Ergebnisse

er|gie|big

er|hit|zen; du bist erhitzt

die **Er|ho|lung**; sich erholen; erholsam

sich **er|in|nern**; die Erinnerung

die **Er|käl|tung**; sich erkälten

er|ken|nen → kennen

er|klä|ren, er erklärt; die Erklärung

er|kran|ken; die Erkrankung

sich **er|kun|di|gen**; die Erkundigung

er|lau|ben; die Erlaubnis; erlaubt

er|läu|tern, sie erläutert; die Erläuterung

die **Er|le**, die Erlen

er|le|ben; er erlebt etwas; das Erlebnis, die Erlebnisse

er|le|di|gen; erledigt

er|leich|tern; die Erleichterung

er|lö|sen; die Erlösung

er|mah|nen; die Ermahnung

die **Er|mä|ßi|gung**; ermäßigt

er|mit|teln; die Ermittlung

er|näh|ren; die Ernährung

er|neu|ern, ich erneuere, er erneuert; erneut

ernst; ernsthaft; im Ernst

ern|ten; die Ernte, die Ernten; das Erntedankfest

er|obern; die Eroberung

er|öff|nen → öffnen; die Eröffnung

er|pres|sen; er wird erpresst; die Erpressung; der Erpresser

er|ra|ten → raten

die **Er|re|gung**; erregt

er|rei|chen; das Ziel erreichen

er|rich|ten; das Haus errichten

er|rö|ten

der **Er|satz**; ersetzen

er|schau|dern, er erschaudert

er|schei|nen; die Erscheinung

er|schöpft; die Erschöpfung

er|schre|cken; einen Schreck bekommen; sie erschrickt, ich erschrak, ich bin erschrocken; jemanden in Schrecken versetzen

er|schüt|tern; die Erschütterung

er|set|zen → setzen; der Ersatz; das Ersatzteil

erst [zuerst]; erstens; erstmalig; der Erste; als Erster; erstklassig

das **Er|stau|nen**; erstaunen; erstaunt

er|sti|cken; die Erstickung

er|tap|pen (erwischen); sie wird ertappt

er|tra|gen → tragen

er|trin|ken → trinken

der **Er|wach|se|ne**, die Erwachsenen; die Erwachsene; erwachsen

er|wäh|nen; die Erwähnung

er|war|ten; die Erwartung

er|wer|ben → werben

er|wi|dern; die Erwiderung

er|wi|schen; sie erwischt ihn

er|zäh|len; die Erzählung

er|zie|hen; die Erziehung

es; es schneit

die **Esche,** die Eschen

der **Esel**, die Esel

der **Es|ki|mo**, die Eskimos

es|sen, er isst, ich aß, ich habe gegessen; das Essen; essbar; der Esslöffel

Es|sen (Stadt)

der **Es|sig**, die Essige; die Essiggurke

Est|land; der Estländer, die Estländer, die Estländerin; estländisch

die **Eta|ge**, die Etagen

die **Etap|pe** (Teilstrecke), die Etappen

das **Eti|kett** (Aufkleber), die Etiketten

das **Etui**, die Etuis

et|wa

et|was; etwas Butter; etwas Gutes

A B C D E F G H I J K L M N O P Qu R S T U V W X Y Z

Eu bis Ex

euch; euer; eure; euretwegen

die **Eu|le**, die Eulen

der **Eu|ro** [€], die Euro [Euros]

Eu|ro|pa; der Europäer, die Europäer, die Europäerin; europäisch; die Europäische Union [EU]

das [der] **Eu|ter**, die Euter

evan|ge|lisch [ev.]

das **Evan|ge|li|um**, die Evangelien

even|tu|ell (vielleicht)

ewig; die Ewigkeit; verewigen

ex|akt (genau)

das **Ex|em|plar [Ex|emp|lar]** (Stück), die Exemplare

exis|tie|ren (vorhanden sein); die Existenz

die **Ex|pe|di|ti|on**, die Expeditionen

das **Ex|pe|ri|ment** (Versuch), die Experimente; experimentieren

ex|plo|die|ren; die Explosion

ex|tra [ext|ra] (außerdem, besonders)

ex|trem [ext|rem] (außerordentlich)

Fa

die **Fa|bel**, die Fabeln; fabelhaft

die **Fa|brik [Fab|rik]**, die Fabriken; der Fabrikant; die Fabrikantin; fabrizieren

das **Fach**, die Fächer; der Fachmann; die Fachfrau; fachgerecht; vierfach

die **Fa|ckel**, die Fackeln

fad [fade] (langweilig)

der **Fa|den**, die Fäden; einfädeln

fä|hig; die Fähigkeit

die **Fahn|dung**; fahnden

die **Fah|ne**, die Fahnen

die **Fäh|re**, die Fähren

fah|ren, er fährt, ich fuhr, ich bin gefahren; fahrlässig; der Fahrer; die Fahrerin; die Fahrt; das Fahrzeug

das **Fahr|rad**, die Fahrräder

die **Fähr|te** (Spur), die Fährten

fair (anständig, ehrlich); die Fairness

der **Fal|ke**, die Falken

fal|len, er fällt, ich fiel, ich bin gefallen; die Falle; der Fall, die Fälle; fällig
fäl|len; der Holzfäller
falls; keinesfalls
falsch; die Fälschung; fälschen
fal|ten; die Falte, die Falten
der **Fal|ter**, die Falter
die **Fa|mi|lie**, die Familien; das Familienfest
der **Fan**, die Fans; der Fanclub
fan|gen, er fängt, ich fing, ich habe gefangen; der Fang, die Fänge; der Gefangene; das Gefängnis
die **Fan|ta|sie**, die Fantasien; fantastisch; fantasieren
die **Far|be**, die Farben; färben; farbenfroh
die **Farm**, die Farmen
der **Farn**; das Farnkraut
der **Fa|san**, die Fasane [Fasanen]
der **Fa|sching** (Karneval)
die **Fa|ser**, die Fasern; faserig
das **Fass**, die Fässer
die **Fas|sa|de** (Vorderseite), die Fassaden
fas|sen, er fasst; gefasst; fass!; die Fassung

fast (beinahe)
fas|ten; die Fastenzeit; die Fastnacht
das **Fast|food** (schneller Imbiss)
fau|chen; die Katze faucht
faul; die Faulheit; faulenzen; der Faulpelz
fau|len; verfault; faul
die **Faust**, die Fäuste; der Faustball; faustdick
das **Fax** (Telefax), die Faxe; faxen, sie faxt; gefaxt; das Faxgerät
die **Fa|xen** (dumme Späße)
der **Fe|bru|ar [Feb|ru|ar]**
die **Fe|der**, die Federn; der Federball; federleicht
die **Fee** (Märchengestalt), die Feen
fe|gen; der Feger (Besen)
feh|len, er fehlt
der **Feh|ler**, die Fehler; fehlerfrei; fehlerhaft
fei|ern; die Feier; feierlich
fei|ge; der Feigling; die Feigheit
die **Fei|ge**, die Feigen
fei|len; die Feile, die Feilen
fein; die Feinheit
der **Feind**, die Feinde; feindlich
das **Feld**, die Felder; der Feldweg
die **Fel|ge** (eines Rades), die Felgen; die Felgenbremse

das **Fell**, die Felle
der **Fel|sen** [Fels], die Felsen; felsig
das **Fens|ter**, die Fenster
die **Fe|ri|en**
das **Fer|kel**, die Ferkel

fern; die Ferne;
die Entfernung; sich entfernen;
das Ferngespräch; das Fernrohr
der **Fern|se|her**; das Fernsehgerät;
fernsehen; beim Fernsehen
die **Fer|se** (Hacke), die Fersen
fer|tig; die Fertigstellung
fes|seln, ich fessele [fessle];
die Fessel, die Fesseln
fest; feststellen; festhalten
das **Fest**, die Feste; festlich
fett; fettig; einfetten; das Fett
der **Fet|zen**, die Fetzen; zerfetzt
feucht; die Feuchtigkeit
das **Feu|er**, die Feuer; feurig;
die Feuerwache; die Feuerwehr;
das Feuerwerk
die **Fi|bel**, die Fibeln
die **Fich|te**, die Fichten
das **Fie|ber**; fiebern; fiebrig;
das Fieberthermometer
er **fiel** → fallen
fies (gemein)
die **Fi|gur**, die Figuren

die **Fi|li|a|le** (Zweigstelle), die Filialen
der **Film**, die Filme; filmen
der **Fil|ter**, die Filter
der **Filz**; der Filzstift; der Filzhut
das **Fi|na|le** (Endspiel), die Finale
das **Fi|nanz|amt**; finanzieren;
die Finanzen (Mehrzahl)
fin|den, er findet, ich fand,
ich habe gefunden; der Finder;
der Finderlohn; der Fund
der **Fin|ger**, die Finger
der **Fink**, die Finken
Finn|land; der Finne, die Finnen,
die Finnin; finnisch
fins|ter; die Finsternis
die **Fir|ma**, die Firmen
die **Fir|mung**
der **Fisch**, die Fische; fischen
fit; das Fitnesstraining
fix (gewandt); ein fixes Mädchen
flach; die Fläche, die Flächen;
das Flachland
fla|ckern; die Kerze flackert
die **Flag|ge**, die Flaggen
die **Flam|me**, die Flammen
die **Fla|sche**, die Flaschen
flat|tern; die Fahne flattert
flau; die Flaute
der **Flaum**; die Flaumfeder

die **Flech|te** (Ausschlag), die Flechten

flech|ten; sie flicht den Zopf; ich flocht, ich habe geflochten

der **Fleck**, die Flecken; fleckig

die **Fle|der|maus**, die Fledermäuse

der **Fle|gel**, die Flegel; flegelhaft

fle|hen; flehentlich

das **Fleisch**; fleischig; die Fleischerei

der **Fleiß**; fleißig

flen|nen (weinen), er flennt

flet|schen; er fletscht die Zähne

fli|cken, sie flickt; das Flickzeug; der Flicken, die Flicken

die **Flie|ge**, die Fliegen

flie|gen, er fliegt, ich flog, ich bin geflogen; das Flugzeug

flie|hen, sie flieht, ich floh, ich bin geflohen; die Flucht

die **Flie|se**, die Fliesen

flie|ßen; das Wasser fließt, es floss, es ist geflossen

flim|mern; das Licht flimmert

flink

die **Flin|te**, die Flinten

flit|zen; er flitzt ums Haus

die **Flo|cke**, die Flocken; flockig

der **Floh**, die Flöhe; der Flohmarkt

das **Floß**, die Flöße; flößen

die **Flos|se**, die Flossen

flö|ten; die Flöte, die Flöten

flott (schnell)

flu|chen; der Fluch, die Flüche

flüch|ten; die Flucht; der Flüchtling, die Flüchtlinge

flüch|tig; der Flüchtigkeitsfehler

der **Flug**, die Flüge; der Flughafen; das Flugzeug

der **Flü|gel**, die Flügel

der **Flur** (Gang im Haus), die Flure

der **Fluss**, die Flüsse

flüs|sig; die Flüssigkeit

flüs|tern, er flüstert

die **Flut**, die Fluten; fluten

das **Foh|len**, die Fohlen

der **Föhn** (Haartrockner), die Föhne

föh|nen; sie föhnt die Haare

der **Föhn** (warmer Wind); föhnig

fol|gen; die Folge, die Folgen; folgend; die folgende Seite

die **Fo|lie**, die Folien

fol|tern; die Folter

die **Fon|tä|ne** (Springbrunnen), die Fontänen

fop|pen (necken); er foppt dich

for|dern; die Forderung

för|dern; befördern; das Förderband

die **Fo|rel|le**, die Forellen; die Forellenzucht

die **Form**, die Formen; formen

for|mu|lie|ren; die Formulierung; das Formular, die Formulare

for|schen, sie forscht; der Forscher, die Forscher; die Forscherin; die Forschung

der **Förs|ter**, die Förster

fort; in einem fort; sofort

fort|fah|ren → fahren; von hier fortfahren; mit dem Lesen fortfahren

fort|ge|hen → gehen

der **Fort|schritt**, die Fortschritte; fortschrittlich

fort|set|zen; die Fortsetzung

fort|wäh|rend (immer)

das **Fo|to**, die Fotos; der Fotograf; die Fotografie; fotografieren

die **Fo|to|ko|pie**; fotokopieren

das **Foul** (Regelverstoß), die Fouls

die **Fracht**, die Frachten; der Frachter; verfrachten

fra|gen, er fragt, ich fragte, ich habe gefragt; die Frage; fraglich; fragwürdig

Frank|furt

fran|kie|ren; der Brief wird frankiert

Frank|reich; der Franzose, die Franzosen, die Französin; französisch

die **Frat|ze**, die Fratzen; Fratzen schneiden

die **Frau**, die Frauen

frech; die Frechheit

frei; die Freiheit; im Freien

das **Frei|bad**, die Freibäder

frei|lich

der **Frei|tag**; freitags; am Freitagmorgen

frei|wil|lig

die **Frei|zeit**

fremd; der Fremde; die Fremde; in der Fremde; das Fremdwort

fres|sen, er frisst, ich fraß, ich habe gefressen; friss!; der Fraß; der Vielfraß; gefräßig

die **Freu|de**, die Freuden; freudig

sich **freu|en**; erfreulich

der **Freund**, die Freunde; die Freundin; die Freundschaft; freundschaftlich; freundlich; die Freundlichkeit

der **Frie|den** [Friede]; friedlich

der **Fried|hof**, die Friedhöfe

frie|ren, sie friert, ich fror, ich habe gefroren; erfrieren

die **Fri|ka|del|le**, die Frikadellen

das **Fris|bee**; die Frisbeescheibe

frisch; erfrischend; erfrischen; die Erfrischung

der **Fri|sör** [Friseur], die Frisöre; die Frisörin [Friseurin]; die Frisur; frisieren

die **Frist**, die Fristen; kurzfristig; fristlos

froh; der Frohsinn

fröh|lich; die Fröhlichkeit

fromm; die Frömmigkeit

Fron|leich|nam (kath. Feiertag)

die **Front**, die Fronten; frontal

der **Frosch**, die Frösche; der Froschlaich

der **Frost**, die Fröste; frostig; frösteln

das **Frot|tee|hand|tuch**, die Frotteehandtücher

die **Frucht**, die Früchte; fruchtbar

früh; früher; frühestens; morgens früh; die Frühe

der **Früh|ling**; das Frühjahr

das **Früh|stück**; frühstücken

der **Frust**; frustriert

der **Fuchs**, die Füchse

die **Fu|ge**; die Fugen

füh|len; der Fühler, das Gefühl

füh|ren; die Führung

der **Füh|rer|schein**

das **Fuhr|werk**, die Fuhrwerke

fül|len; die Fülle; die Füllung; der Füllhalter; der Füller

fum|meln, er fummelt

der **Fund**, die Funde; das Fundbüro

fünf; fünfzehn; fünfzig

der **Fun|ke** [Funken], die Funken

fun|keln, es funkelt

funk|ti|o|nie|ren; die Funktion

der **Funk|turm**; funken

für; füreinander

sich **fürch|ten**; die Furcht; furchtbar; fürchterlich

die **Für|sor|ge**; fürsorglich

das **Für|wort** (Pronomen)

der **Fuß**, die Füße; der Fußball; zu Fuß gehen

futsch (weg)

das **Fut|ter** (Stoff); der Mantel ist gefüttert

das **Fut|ter** (Nahrung); die Fütterung; füttern

das **Fu|tur** (grammatisch: Zukunft)

die **Ga|be**, die Gaben
die **Ga|bel**, die Gabeln
ga|ckern; das Huhn gackert
der **Gag** (witziger Einfall), die Gags
gäh|nen, du gähnst
die **Gal|le**; der Gallenstein
ga|lop|pie|ren; der Galopp
der **Game|boy**, die Gameboys
die **Gäm|se** (ziegenähnliches Tier), die Gämsen
der **Gang**, die Gänge; die Gangschaltung
der **Gangs|ter**, die Gangster
der **Ga|no|ve**, die Ganoven
die **Gans**, die Gänse; das Gänseblümchen
ganz; ganze; ganzer; im ganzen Land; ganz und gar; im Ganzen
gar (fertig); das Fleisch ist gar; garen
die **Ga|ra|ge**, die Garagen

die **Ga|ran|tie**, die Garantien; der Garantieschein; garantieren
die **Gar|de|ro|be**, die Garderoben
die **Gar|di|ne**, die Gardinen
gä|ren; der Wein ist gegoren
das **Garn**, die Garne; das Nähgarn
die **Gar|ni|tur**, die Garnituren
gars|tig (gemein)
der **Gar|ten**, die Gärten; der Gärtner; die Gärtnerin; die Gärtnerei
das **Gas**, die Gase; die Abgase
die **Gas|se**, die Gassen
der **Gast**, die Gäste; die Gaststätte; gastlich; der Gastwirt; die Gastwirtin
der **Gat|te**, die Gatten; die Gattin
der **Gaul**, die Gäule
der **Gau|men**, die Gaumen
der **Gau|ner** (Betrüger), die Gauner; die Gaunerin; die Gaunerei
das **Ge|bäck**
die **Ge|bär|de**, die Gebärden
ge|bä|ren; sie gebärt ein Kind
das **Ge|bäu|de**, die Gebäude
das **Ge|bell** [Gebelle]
ge|ben, er gibt, ich gab, ich habe gegeben; gib!
das **Ge|bet**, die Gebete; beten

Ge

das **Ge|biet**, die Gebiete
das **Ge|bir|ge**, die Gebirge; gebirgig
das **Ge|biss**, die Gebisse
das **Ge|blä|se**, die Gebläse
ge|bo|ren,
er ist in Ulm geboren

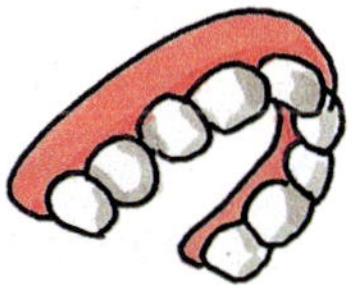

das **Ge|bot**, die Gebote
ge|brau|chen; der Gebrauch
das **Ge|brüll**
die **Ge|bühr**, die Gebühren
die **Ge|burt**, die Geburten
der **Ge|burts|tag**, die Geburtstage
das **Ge|büsch**, die Gebüsche
das **Ge|dächt|nis**, die Gedächtnisse
der **Ge|dan|ke**, die Gedanken
das **Ge|deck**, die Gedecke
ge|den|ken; das Gedenken
das **Ge|dicht**, die Gedichte
das **Ge|drän|ge**; drängen; gedrängt
die **Ge|duld**; geduldig
ge|eig|net
die **Ge|fahr**, die Gefahren;
gefährlich; gefährden
der **Ge|fähr|te**, die Gefährten;
die Gefährtin
das **Ge|fäl|le**; die Gefällstrecke
ge|fal|len, es gefällt, es gefiel,
es hat gefallen
der **Ge|fal|len**

der **Ge|fan|ge|ne**, die Gefangenen;
die Gefangenschaft;
das Gefängnis, die Gefängnisse
das **Ge|fäß**, die Gefäße
das **Ge|fie|der**; gefiedert
das **Ge|flü|gel**; die Geflügelfarm
das **Ge|flüs|ter**; flüstern
ge|frä|ßig
die **Ge|frier|tru|he**, die Gefriertruhen
das **Ge|fühl**, die Gefühle; gefühllos
ge|gen; gegeneinander
die **Ge|gend**, die Gegenden
der **Ge|gen|satz**, die Gegensätze;
gegensätzlich
ge|gen|sei|tig
der **Ge|gen|stand**, die Gegenstände
das **Ge|gen|teil**; im Gegenteil
ge|gen|über
die **Ge|gen|wart**; gegenwärtig
der **Geg|ner**, die Gegner; die Gegnerin
das **Ge|halt**, die Gehälter
ge|häs|sig
das **Ge|häu|se** (der Uhr), die Gehäuse
ge|heim; geheim halten;
das Geheimnis, die Geheimnisse;
geheimnisvoll
ge|hen, er geht, ich ging,
ich bin gegangen; der Gang
ge|heu|er; das ist mir nicht geheuer

A B C D E F G H I J K L M N O P Qu R S T U V W X Y Z

Ge

das **Ge|hirn**, die Gehirne
das **Ge|hör**; gehörlos
ge|hor|chen, er gehorcht;
der Gehorsam; gehorsam sein
ge|hö|ren; das Heft gehört mir
der **Gei|er**, die Geier
die **Gei|ge**, die Geigen;
der Geiger; die Geigerin
die **Gei|sel**, die Geiseln
die **Geiß** (Ziege), die Geißen;
das Geißlein
der **Geist**, die Geister; geistig;
der Geistliche (Priester)
gei|zig; der Geiz; der Geizhals
das **Gel** (für die Haare), die Gele
das **Ge|läch|ter**
ge|lähmt; der Gelähmte
das **Ge|län|de**, die Gelände
das **Ge|län|der**, die Geländer
gelb; gelbe Blumen; gelblich;
gelbgrün
das **Geld**, die Gelder; viel Geld
das [der] **Ge|lee**, die Gelees
die **Ge|le|gen|heit**, die Gelegenheiten;
gelegentlich
ge|lehrt; gelehrig;
der Gelehrte; die Gelehrte
das **Ge|lenk**, die Gelenke;
gelenkig

ge|lin|gen, es gelingt, es gelang,
es ist gelungen
gel|ten, es gilt, es galt,
es hat gegolten
ge|mäch|lich (langsam)
das **Ge|mäl|de**, die Gemälde
ge|mäß; dem Wunsch gemäß
ge|mein; die Gemeinheit
die **Ge|mein|de**, die Gemeinden
ge|mein|sam; die Gemeinsamkeit
die **Ge|mein|schaft**; gemeinschaftlich
das **Ge|mü|se**;
das Gemüsebeet

ge|müt|lich;
die Gemütlichkeit
gen; gen Süden fahren
ge|nau; genauso; die Genauigkeit
ge|neh|mi|gen; die Genehmigung
die **Ge|ne|ra|ti|on**, die Generationen
ge|ni|al
das **Ge|nick**, die Genicke
sich **ge|nie|ren** (sich schämen)
ge|nie|ßen, er genießt,
ich genoss, ich habe genossen;
der Genuss, die Genüsse;
genüsslich; ungenießbar
der **Ge|ni|tiv** (2. Fall, Wesfall)
der **Ge|nos|se**, die Genossen;
die Genossin

ge|nug; genügen; genügend
der **Ge|nuss** → genießen
die **Geo|gra|fie** [Geographie] (Erdkunde)
die **Geo|me|trie**; geometrisch
das **Ge|päck**; gepackt; packen
ge|ra|de; geradeaus
das **Ge|rät**, die Geräte
ge|ra|ten, es gerät, es geriet, es ist geraten
ge|räu|mig (groß)
das **Ge|räusch**, die Geräusche
ge|recht; die Gerechtigkeit
das **Ge|re|de**
das **Ge|richt**, die Gerichte
ge|ring (wenig)
ge|rin|nen, es gerinnt
das **Ge|rip|pe**, die Gerippe
der **Ger|ma|ne**, die Germanen
gern, lieber, am liebsten
das **Ge|röll** (lose Steine)
die **Gers|te** (Getreide)
die **Ger|te** (Rute), die Gerten
der **Ge|ruch**, die Gerüche; geruchlos
das **Ge|rücht**, die Gerüchte
das **Ge|rüm|pel**
das **Ge|rüst**, die Gerüste
ge|samt; die Gesamtschule
der **Ge|sang**, die Gesänge

das **Ge|säß**, die Gesäße
ge|sät|tigt (satt)
das **Ge|schäft**, die Geschäfte; geschäftlich
ge|sche|hen, es geschieht, es geschah, es ist geschehen; das Geschehen
ge|scheit (klug)
das **Ge|schenk**, die Geschenke
die **Ge|schich|te**, die Geschichten
ge|schickt; die Geschicklichkeit
ge|schie|den → scheiden
das **Ge|schirr**, die Geschirre; die Geschirrspülmaschine
das **Ge|schlecht**, die Geschlechter
der **Ge|schmack**; geschmackvoll
das **Ge|schöpf**, die Geschöpfe
das **Ge|schrei**
das **Ge|schwätz**; geschwätzig
die **Ge|schwin|dig|keit**; geschwind
die **Ge|schwis|ter**
ge|schwol|len → schwellen
das **Ge|schwür**, die Geschwüre
der **Ge|sel|le**, die Gesellen; die Gesellin; gesellig
die **Ge|sell|schaft**; die Gesellschaften
das **Ge|setz**, die Gesetze; gesetzlich
das **Ge|sicht**, die Gesichter
ge|spannt (neugierig)

das **Ge|spenst**, die Gespenster; gespenstisch [gespenstig]

das **Ge|spräch**, die Gespräche; gesprächig

ge|spren|kelt (getupft); das Fell ist gesprenkelt

die **Ge|stalt**, die Gestalten; gestalten

der **Ge|stank** → stinken

ge|stat|ten; es ist gestattet

die **Ges|te** (Gebärde), die Gesten

ge|ste|hen, ich gestand, ich habe gestanden; das Geständnis, die Geständnisse; geständig

das **Ge|stein**, die Gesteine

das **Ge|stell**, die Gestelle

ges|tern; gestern Abend; vorgestern

ge|streift; die gestreifte Hose

das **Ge|strüpp**, die Gestrüppe

ge|sund; die gesunde Ernährung; die Gesundheit

das **Ge|tö|se**

das **Ge|tränk**, die Getränke

das **Ge|trei|de**

Ge

ge|trennt; getrennt schreiben

das **Ge|trie|be**, die Getriebe

das **Ge|tu|schel**

das **Ge|wächs**, die Gewächse; das Gewächshaus

ge|wäh|ren; Hilfe gewähren

die **Ge|walt**, die Gewalten; gewaltig; gewalttätig

das **Ge|wand**, die Gewänder

ge|wandt; der gewandte Turner

das **Ge|wäs|ser**, die Gewässer

das **Ge|we|be**, die Gewebe

das **Ge|wehr**, die Gewehre

das **Ge|weih**, die Geweihe

das **Ge|wer|be**, die Gewerbe

die **Ge|werk|schaft**, die Gewerkschaften

ge|we|sen → sein

das **Ge|wicht**, die Gewichte

das **Ge|wim|mel**

ge|win|nen, sie gewinnt, ich gewann, ich habe gewonnen; der Gewinn; der Gewinner; die Gewinnerin

das **Ge|wirr**

ge|wiss; die Gewissheit

das **Ge|wis|sen**, die Gewissen; gewissenhaft

das **Ge|wit|ter**, die Gewitter; gewittrig; gewittern

gelwitzt
gelwöhlnen; gewöhnlich; ich bin daran gewöhnt; gewohnt; ich bin das gewohnt; die Gewohnheit
das **Ge|wöl|be**, die Gewölbe
das **Ge|wühl**
das **Ge|würz**, die Gewürze
die **Ge|zei|ten** (Ebbe und Flut)
das **Ge|zwit|scher**
er **gibt** → geben
der **Gie|bel**, die Giebel
die **Gier**; gierig
gie|ßen, er gießt, ich goss, ich habe gegossen; die Gießkanne; der Guss
das **Gift**, die Gifte; vergiften; giftig
sie **ging** → gehen
der **Gip|fel**, die Gipfel
der **Gips**; der Gipsverband
die **Gi|raf|fe**, die Giraffen
die **Gir|lan|de**, die Girlanden
die **Gi|tar|re**, die Gitarren; die Gitarrensaite
das **Git|ter**, die Gitter; vergittern
der **Glanz**; glänzen; glänzend
das **Glas**, die Gläser; gläsern
glatt, glatter [glätter], am glattesten [glättesten]; die Glätte

die **Glat|ze**, die Glatzen; der Glatzkopf; glatzköpfig

glau|ben; der Glaube; gläubig
gleich (sofort); ich komme gleich
gleich (ebenso); gleich groß; gleichfalls; gleichgültig; das Gleichgewicht; gleichen
gleich (egal); es ist mir gleich
das **Gleis**, die Gleise
glei|ten, er gleitet, ich glitt, ich bin geglitten; ausgleiten
der **Glet|scher** (Eisstrom im Gebirge), die Gletscher
das **Glied**, die Glieder; gliedern; die Gliederung
glim|men; das Feuer glimmt, es glomm [glimmte], es hat geglommen [geglimmt]
glimpf|lich (ohne großen Schaden)
glit|schen (gleiten); glitschig
glit|zern; der Ring glitzert
der **Glo|bus** (Erdkugel), die Globen [Globusse]; global
die **Glo|cke**, die Glocken
glot|zen
das **Glück**; der Glückwunsch; glücklich; glücklicherweise; glücken; es glückt mir

die **Glu|cke**, die Glucken
glü|hen; glühend;
die Glühlampe; die Glut
die **Gna|de**; gnädig; gnadenlos
der **Go|ckel** (Hahn), die Gockel
das **Gold**; vergoldet; goldig
das **Golf**; Golf spielen
der **Golf**; der Golfstrom
der **Gong**, die Gongs;
gongen, es gongt
gön|nen; ich gönne es dir
der **Go|ril|la**, die Gorillas
der **Gott**, die Götter; die Göttin;
grüß Gott!; der Gottesdienst
das **Grab**, die Gräber
gra|ben, er gräbt, ich grub,
ich habe gegraben
der **Gra|ben**, die Gräben
der **Grad**, die Grade; 30 Grad Wärme
der **Gram** (Kummer); sich grämen
das **Gramm** [g]; fünfzig Gramm
die **Gram|ma|tik**, die Grammatiken;
grammatisch
der **Gra|nit** (Gestein)
die **Grape|fruit** (Pampelmuse),
die Grapefruits
das **Gras**, die Gräser; grasen
gräss|lich
der **Grat** (Bergkamm), die Grate

die **Grä|te**, die Gräten
gra|tis (umsonst, kostenlos)
die **Grät|sche**, die Grätschen;
grätschen (spreizen)
gra|tu|lie|ren; die Gratulation
grau; graublau; gräulich
das **Grau|brot**, die Graubrote
grau|en (Furcht haben);
es graut mir davor; das Grauen;
grauenhaft; der Gräuel, die Gräuel;
die Gräueltat
die **Grau|pel** (Hagelkorn),
die Graupeln; der Graupelschauer
grau|sam; die Grausamkeit
grei|fen, sie greift, ich griff,
ich habe gegriffen; der Griff
der **Greis** (alter Mensch), die Greise;
die Greisin
grell; ein greller Schrei
die **Gren|ze**, die Grenzen
Grie|chen|land; der Grieche,
die Griechen, die Griechin; griechisch
der **Grieß**; der Grießbrei
der **Griff**, die Griffe; griffig
der **Grill**, die Grills; grillen
die **Gril|le** (Insekt), die Grillen
die **Gri|mas|se**,
die Grimassen
grim|mig; der Grimm

A B C D E F G H I J K L M N O P Qu R S T U V W X Y Z

grin|sen, sie grinst
die **Grip|pe**; er hat Grippe
grob, gröber, am gröbsten;
der Grobian
grö|len (lärmen)
grol|len; der Donner grollt
groß, größer, am größten;
die Größe; die Großeltern;
großartig
Groß|bri|tan|ni|en; der Brite,
die Briten, die Britin; britisch
die **Grot|te** (Höhle), die Grotten
das **Grüb|chen**, die Grübchen
die **Gru|be**, die Gruben
grü|beln (nachdenken), sie grübelt
die **Gruft** (Grab), die Grüfte
grün; grünlich
der **Grund**, die Gründe;
zu Grunde [zugrunde] gehen;
auf Grund [aufgrund]
grün|den; die Gründung
gründ|lich
grund|sätz|lich; der Grundsatz
die **Grund|schu|le**, die Grundschulen;
der Grundschüler;
die Grundschülerin
das **Grund|stück**, die Grundstücke
grun|zen; das Schwein grunzt
die **Grup|pe**, die Gruppen

sich **gru|seln**, sie gruselt sich; gruselig

grü|ßen, sie grüßt;
der Gruß, die Grüße
die **Grüt|ze**, die Grützen
gu|cken, er guckt
das [der] **Gu|lasch**, die Gulaschsuppe
der [das] **Gul|ly**, die Gullys
gül|tig; die Gültigkeit
der [das] **Gum|mi**, die Gummis;
das Gummiband; der Radiergummi
güns|tig; zu Gunsten [zugunsten]
die **Gur|gel**, die Gurgeln;
gurgeln, ich gurgle [gurgele],
sie gurgelt
die **Gur|ke**, die Gurken
der **Gurt**, die Gurte; gurten
der **Gür|tel**, die Gürtel
der **Guss**, die Güsse; der Regenguss
gut, besser, am besten;
etwas Gutes tun; das Gutachten
das **Gut**, die Güter; der Güterzug
gü|tig; die Güte
das **Gym|na|si|um**, die Gymnasien
die **Gym|nas|tik**; die Gymnastikstunde

Ha

das **Haar**, die Haare;
das Härchen; haaren; haarig
ha|ben, er hat, ich hatte,
ich habe gehabt
hab|gie|rig; die Habgier
die **Ha|cke** (Werkzeug), die Hacken
die **Ha|cke** [der Hacken] (Ferse),
die Hacken
ha|cken; Holz hacken
der **Ha|fen**; die Häfen
der **Ha|fer**; die Haferflocken
die **Haft**; der Häftling
haf|ten; die Haftung; verhaften
die **Ha|ge|but|te**, die Hagebutten
der **Ha|gel**; hageln
der **Hahn**, die Hähne
der **Hai**, die Haie
hä|keln; die Häkelnadel
der **Ha|ken**, die Haken; haken
halb; eine halbe Stunde;
die Halbschuhe; halbieren

die **Hälf|te**, die Hälften
die **Hal|le**, die Hallen; das Hallenbad
hal|lo; Hallo rufen [hallo rufen]
der **Halm**, die Halme
die **Ha|lo|gen|lam|pe**,
die Halogenlampen
der **Hals**, die Hälse
hal|ten, er hält, ich hielt,
ich habe gehalten; haltbar;
die Haltestelle
der **Ha|lun|ke**, die Halunken
Ham|burg; der Hamburger,
die Hamburger, die Hamburgerin;
hamburgisch
hä|misch (gemein)
der **Ham|mer**, die Hämmer;
hämmern; ich hämmere
ham|peln; der Hampelmann
der **Hams|ter**, die Hamster
die **Hand**, die Hände; das Handtuch;
handlich; der Handwerker
han|deln; die Handlung; der Handel;
der Händler; die Händlerin
das **Han|dy**, die Handys
der **Hang**, die Hänge; der Abhang
hän|gen; die Wäsche hängt,
sie hing, sie hat gehangen
Han|no|ver
der **Hap|pen**, die Happen

die **Har|ke**, die Harken; harken
harm|los
hart, härter, am härtesten;
die Härte; hartnäckig
das **Harz**, die Harze; harzig
der **Ha|se**, die Hasen; das Häschen
die **Ha|sel|nuss**, die Haselnüsse
has|sen, er hasst, ich hasste,
ich habe gehasst; der Hass
häss|lich
du **hast** → haben
die **Hast**; hastig; hasten
er **hat**, er hatte → haben
die **Hau|be**, die Hauben
der **Hauch**; hauchen
hau|en; Haue kriegen
der **Hau|fen**, die Haufen
häu|fig
das **Haupt**, die Häupter;
die Hauptsache; hauptsächlich;
die Hauptstadt
der **Häupt|ling**, die Häuptlinge
das **Haus**, die Häuser; haushoch;
nach Hause; zu Hause sein;
das Zuhause; die Hausaufgabe
die **Haut**, die Häute
die **Heb|am|me** (Geburtshelferin),
die Hebammen
der **He|bel**, die Hebel

he|ben, sie hebt, ich hob,
ich habe gehoben
der **Hecht** (Fisch), die Hechte
das **Heck**, die Hecks [Hecke];
die Heckscheibe
die **He|cke**, die Hecken
die **He|fe**; der Hefeteig
das **Heft**, die Hefte; heften
hef|tig; ein heftiger Sturm
die **Hei|de**; das Heidekraut
die **Hei|del|bee|re**, die Heidelbeeren
heil; heilen; die Heilung
hei|lig; der Heilige Abend
das **Heim**; ich fahre heim;
heimgehen; heimkehren
die **Hei|mat**; heimatlos; das Heimweh
heim|lich; die Heimlichkeit
das **Hein|zel|männ|chen**

hei|ra|ten; die Heirat
hei|ser; die Heiserkeit
heiß, heißer,
am heißesten
hei|ßen, sie heißt,
sie hieß, sie hat geheißen
hei|ter; die Heiterkeit
hei|zen; die Heizung
der **Held**, die Helden
hel|fen, er hilft, ich half,
ich habe geholfen; hilf!; die Hilfe

A B C D E F G H I J K L M N O P Qu R S T U V W X Y Z

hell; hellblau; die Helligkeit
der **Helm**, die Helme; der Fahrradhelm
Hel|sin|ki (Hauptstadt von Finnland)
das **Hemd**, die Hemden
hem|men; die Hemmung
der **Hengst**, die Hengste
der **Hen|kel**, die Henkel
die **Hen|ne**, die Hennen
her; komm her!; hin und her
he|rab [her|ab]; herabgehen
he|ran [her|an]; herankommen
he|rauf [her|auf]; heraufbeschwören
he|raus [her|aus]; herausgeben
die **Her|ber|ge**, die Herbergen
der **Herbst**; herbstlich
der **Herd**, die Herde
die **Her|de**, die Herden
he|rein [her|ein]; hereinkommen
der **He|ring**, die Heringe
der **Herr**, die Herren
herr|lich; die Herrlichkeit
herr|schen; der Herrscher
her|stel|len; der Hersteller; die Herstellerin; die Herstellung
he|rü|ber [her|ü|ber]
he|rum [her|um]
he|run|ter [her|un|ter]; herunterlaufen
her|vor; hervorragend

das **Herz**, die Herzen; herzlich; die Herzlichkeit
Hes|sen; der Hesse, die Hessen, die Hessin; hessisch
het|zen, er hetzt; die Hetze
das **Heu**; der Heuhaufen
heu|er (in diesem Jahr)
heu|len; das Geheul
heu|te; heute Abend
die **He|xe**, die Hexen; verhexen; hexen

hier; hieran; hierauf; hierher; hier bleiben
die **Hi|e|ro|gly|phen** (alte ägyptische Schriftzeichen)
die **Hil|fe**, die Hilfen; hilflos; hilfsbereit
die **Him|bee|re**, die Himbeeren
der **Him|mel**; himmlisch
hin; hinab; hinauf; hinaus; hinausgehen; hinfallen
das **Hin|der|nis**, die Hindernisse; hindern
hin|durch
hin|ken, er hinkt
hin|ten; hintenherum; hintenüber
hin|ter; hintereinander; hinterher; der Hintergrund; die Hinterlist
der **Hin|tern**, die Hintern
hi|nü|ber [hin|ü|ber]; hinunter

der **Hin|weis**, die Hinweise
hin|zu
der **Hirsch**, die Hirsche
der **Hirt** [Hirte], die Hirten
der **Hit**, die Hits; die Hitparade
die **Hit|ze**; hitzefrei; hitzig
das **Hob|by**, die Hobbys
der **Ho|bel**, die Hobel; hobeln
hoch, höher, am höchsten; der hohe Berg; die Höhe; höchstens
die **Hoch|zeit**, die Hochzeiten
ho|cken; die Hocke
der **Ho|cker**, die Hocker
das **Ho|ckey**; Hockey spielen
der **Ho|den**, die Hoden
der **Hof**, die Höfe
hof|fen; die Hoffnung; hoffentlich
höf|lich; die Höflichkeit
hö|her → hoch
hohl; ein hohler Baum
die **Höh|le**, die Höhlen
der **Hohn**; verhöhnen; höhnisch
der **Ho|kus|po|kus**

ho|len, sie holt; abholen
Hol|land; der Holländer, die Holländer, die Holländerin; holländisch

die **Höl|le**; der Höllenlärm
hol|pe|rig [holprig]; holpern
das **Holz**, die Hölzer; hölzern
der **Ho|nig**; der Bienenhonig
hop|peln; der Hase hoppelt
hopp|la
hop|sen, sie hopst; der Hopser
hor|chen; horch!
die **Hor|de**, die Horden
hö|ren; der Hörer; die Hörerin
der **Ho|ri|zont**; horizontal
das **Horn**, die Hörner
die **Hor|nis|se**, die Hornissen
das **Ho|ros|kop [Ho|ro|skop]**, die Horoskope
der **Hort**, die Horte
die **Ho|se**, die Hosen
die **Hos|tie**, die Hostien
das **Ho|tel**, die Hotels
hübsch; ein hübsches Kleid
der **Hub|schrau|ber**, die Hubschrauber
hu|cke|pack (auf dem Rücken)
der **Huf**, die Hufe; das Hufeisen
die **Hüf|te**, die Hüften
der **Hü|gel**, die Hügel; hügelig [hüglig]
das **Huhn**, die Hühner
die **Hül|le**, die Hüllen; einhüllen
die **Hül|se** (Kapsel), die Hülsen
die **Hum|mel**, die Hummeln

Hu bis Hy

der **Hu|mor** (Heiterkeit); humorvoll
hum|peln
der **Hu|mus**; die Humuserde
der **Hund**, die Hunde
hun|dert; zweihundert
der **Hun|ger**; hungern; hungrig
die **Hu|pe**, die Hupen; hupen
hüp|fen, sie hüpft
die **Hür|de**, die Hürden
hur|ra; Hurra schreien [hurra schreien]
hu|schen; sie huscht davon
hus|ten; der Husten
der **Hut**, die Hüte
hü|ten; behüten; der Hüter
die **Hüt|te**, die Hütten
der **Hy|drant [Hyd|rant]**, die Hydranten
hy|gi|e|nisch (sauber); die Hygiene

Ic bis Im

der **IC** [Intercity-Zug], die ICs
der **ICE** [Intercity-Expresszug], die ICEs
ich; ich und du
ide|al; ein idealer Platz
die **Idee**, die Ideen
der **Idi|ot**, die Idioten; die Idiotin
der **Igel**, die Igel
der [das] **Ig|lu**, die Iglus
ihm; ich gebe ihm die Hand
ihn; ich kenne ihn
ih|nen; ich gebe ihnen die Hand
ihr; ihre; ihr Teddy; ihre Puppe
die **Il|lust|rier|te [Il|lus|trier|te]**, die Illustrierten
im (in dem); im Haus
der **Im|biss**, die Imbisse
der **Im|ker**, die Imker; die Imkerin
im|mer; immerhin; immerzu; immer noch; immer wieder
imp|fen; die Impfung
im|po|nie|ren (Eindruck machen); das imponiert mir

im|stan|de [im Stande] sein

in; in der Schule

der **In|di|a|ner**, die Indianer; die Indianerin

der **In|di|sche Oze|an**

die **In|dus|trie [In|dust|rie]**, die Industrien

in|ein|an|der [in|ei|nan|der]

die **In|fek|ti|on** (Ansteckung)

der **In|fi|ni|tiv** (Grundform des Verbs)

in|fol|ge; infolgedessen

die **In|for|ma|ti|on**, die Informationen; informieren

der **In|ge|ni|eur**, die Ingenieure; die Ingenieurin

der **In|ha|ber**, die Inhaber; die Inhaberin

der **In|halt**; das Inhaltsverzeichnis

der **In|line|ska|ter** [Inliner]

in|nen; innerhalb; innerlich

ins (in das); ins Haus gehen

das **In|sekt**, die Insekten

die **In|sel**, die Inseln

das **In|se|rat** (Anzeige), die Inserate

ins|ge|samt

der **Ins|pek|tor [In|spek|tor]**, die Inspektoren; die Inspektorin

der **Ins|tal|la|teur [In|stal|la|teur]**, die Installateure

in|stand [in Stand] setzen

der **Ins|tinkt [In|stinkt]**, die Instinkte

das **Ins|tru|ment [In|stru|ment]**, die Instrumente

in|tel|li|gent; die Intelligenz

der **In|ter|ci|ty|ex|press|zug** [ICE]

der **In|ter|ci|ty|zug** [IC]

in|te|res|sant [in|ter|es|sant]; interessieren; das Interesse, die Interessen

in|ter|na|ti|o|nal

das **In|ter|net**

das **In|ter|view**, die Interviews

der **In|va|li|de**, die Invaliden

in|zwi|schen

ir|gend; irgendein; irgendeiner; irgendetwas; irgendjemand; irgendwie

Ir|land; der Ire, die Iren, die Irin; irisch

ir|ren; irreführen; irrtümlich; der Irrtum, die Irrtümer

der **Is|lam** (Religion)

Is|land; der Isländer, die Isländer, die Isländerin; isländisch

Is|ra|el; der Israeli, die Israelis, die Israelin; israelisch

er **isst** → essen; er isst Kuchen

sie **ist** → sein; sie ist krank

Ita|li|en; der Italiener, die Italiener, die Italienerin; italienisch

A B C D E F G H I J K L M N O P Qu R S T U V W X Y Z

Ja bis Je

ja; jawohl
die **Jacht** [Yacht], die Jachten
die **Ja|cke**, die Jacken
ja|gen, er jagt; die Jagd
der **Jä|ger**, die Jäger
der **Ja|gu|ar**, die Jaguare
jäh; der Jähzorn; jähzornig
das **Jahr**, die Jahre; jährlich; das Jahrhundert
der **Jahr|markt**, die Jahrmärkte
die **Ja|lou|sie**, die Jalousien
der **Jam|mer**; jammern; jämmerlich
der **Ja|nu|ar**
Ja|pan; der Japaner, die Japaner, die Japanerin; japanisch
jä|ten; das Unkraut ist gejätet
die **Jau|che**; die Jauchegrube
jauch|zen, sie jauchzt
jau|len; der Hund jault
der **Jazz**; die Jazzmusik
je; seit eh und je; je Person
die **Jeans**

Je bis Jo

je|de, jeder, jedes; jederzeit; jedenfalls
je|doch
der **Jeep** (Geländewagen), die Jeeps
je|her; von jeher; seit jeher
je|mals
je|mand; jemanden
je|ne, jener, jenes
jen|seits; jenseits des Tales
Je|sus Chris|tus
der **Jet** (Düsenflugzeug), die Jets; der Jumbojet
jetzt; bis jetzt; von jetzt an
je|weils
der **Job** (Arbeitsplatz), die Jobs; jobben
das **Jod**
jo|deln; der Jodler; die Jodlerin
das [der] **Jo|ga** [Yoga]; die Jogaübung
jog|gen, sie joggt; das Jogging; der Jogger; die Joggerin

Jo bis Ju

der [das] **Jo|gurt** [Joghurt], die Jogurts
die **Jo|han|nis|bee|re**, die Johannisbeeren
joh|len; das Gejohle
der **Jo|ker**, die Joker
der **Jour|na|list**, die Journalisten; die Journalistin
ju|beln; der Jubel; jubilieren
ju|cken; der Juckreiz
der **Ju|de**, die Juden; jüdisch
das **Ju|do** (Sportart); der Judogriff
die **Ju|gend**; der Jugendliche; die Jugendliche; jugendlich; die Jugendherberge
Ju|gos|la|wi|en [Ju|go|sla|wi|en]; der Jugoslawe, die Jugoslawen, die Jugoslawin; jugoslawisch
der **Ju|li**
jung, jünger, am jüngsten
das **Jun|ge**, die Jungen; die Katze hat Junge
der **Jun|ge**, die Jungen
der **Ju|ni**
der **Ju|rist**, die Juristen; die Juristin
die **Ju|ry**
das [der] **Ju|wel**, die Juwelen
der **Jux** (Spaß)

Ka

das **Ka|bel**, die Kabel
die **Ka|bi|ne**, die Kabinen
die **Ka|chel**, die Kacheln; kacheln
der **Kä|fer**, die Käfer
der **Kaf|fee**
der **Kä|fig**, die Käfige
kahl; kahle Bäume
der **Kahn**, die Kähne
der **Kai** (gemauertes Ufer), die Kais
der **Kai|ser**, die Kaiser; die Kaiserin; kaiserlich
der **Ka|jak**, die Kajaks
die **Ka|jü|te**, die Kajüten
der **Ka|kao**
der **Kak|tus**, die Kakteen
das **Kalb**, die Kälber
der **Ka|len|der**, die Kalender
der **Kalk**; kalkweiß; der Kalkstein
die **Ka|lo|rie**, die Kalorien
kalt, kälter, am kältesten; die Kälte; die Erkältung; sich erkälten

Ka

sie **kam** → kommen; sie kam spät
er **kä|me** → kommen; er sagte, er käme
das **Ka|mel**, die Kamele
die **Ka|me|ra**, die Kameras
der **Ka|me|rad**, die Kameraden; die Spielkameraden
die **Ka|mil|le**; der Kamillentee
der **Ka|min**, die Kamine
der **Kamm**, die Kämme; kämmen
die **Kam|mer**, die Kammern
der **Kampf**, die Kämpfe; kämpfen
der **Ka|nal**, die Kanäle
der **Ka|na|ri|en|vo|gel**, die Kanarienvögel
das **Kän|gu|ru**, die Kängurus
das **Ka|nin|chen**, die Kaninchen
der **Ka|nis|ter**, die Kanister
sie **kann** → können
die **Kan|ne**, die Kannen
der **Ka|non**, die Kanons
die **Kan|te**, die Kanten; kantig
die **Kan|ti|ne**, die Kantinen
das **Ka|nu**, die Kanus
die **Kan|zel**, die Kanzeln
der **Kanz|ler**, die Kanzler
die **Ka|pel|le**, die Kapellen
ka|pie|ren (begreifen)
der **Ka|pi|tän**, die Kapitäne
das **Ka|pi|tel**, die Kapitel
der **Ka|plan [Kap|lan]**, die Kapläne
die **Kap|pe**, die Kappen
die **Kap|sel**, die Kapseln
ka|putt; kaputt machen; kaputtgehen
die **Ka|pu|ze**, die Kapuzen
das **Ka|ra|te**; der Karatekämpfer
die **Ka|ra|wa|ne**, die Karawanen
der **Kar|frei|tag** (Freitag vor Ostern)
karg; kärglich
ka|riert; das Karo
die **Ka|ri|es** (Zahnfäule)
der **Kar|ne|val** (Fasching)
das **Kar|ni|ckel**, die Karnickel
das **Ka|ro** (Viereck), die Karos
die **Ka|rot|te**, die Karotten
der **Karp|fen**, die Karpfen
die **Kar|re** [der Karren], die Karren
die **Kar|ri|e|re**, die Karrieren
die **Kar|te**, die Karten
die **Kar|tei**, die Karteien
die **Kar|tof|fel**, die Kartoffeln
der **Kar|ton**, die Kartons
das **Ka|rus|sell**, die Karussells
der **Kä|se**, die Käse
der **Kas|per**, die Kasper; der Kasperl; das Kasperle
die **Kas|se**, die Kassen; kassieren; der Kassierer; die Kassiererin
die **Kas|set|te**, die Kassetten; der Kassettenrekorder

die **Kas|ta|nie**, die Kastanien
der **Kas|ten**, die Kästen [Kasten]
der **Kat** [Katalysator], die Kats
der **Ka|ta|log**, die Kataloge
die **Ka|tas|tro|phe [Ka|ta|stro|phe]** (Unglück), die Katastrophen; katastrophal
der **Ka|ter**, die Kater
ka|tho|lisch [kath.]; der Katholik, die Katholiken; die Katholikin
die **Kat|ze**, die Katzen
kau|en; der [das] Kaugummi
kau|fen; der Käufer; die Käuferin; käuflich; der Kaufmann; die Kauffrau; die Kaufleute
die **Kaul|quap|pe**, die Kaulquappen

kaum; er konnte kaum atmen
der **Kauz**, die Käuze; das Käuzchen
keck (frech)
der **Ke|gel**, die Kegel; kegeln
die **Keh|le**, die Kehlen
keh|ren; die Straße kehren; jemandem den Rücken kehren
kei|fen, er keift
der **Keil**, die Keile; der Keilriemen
der **Keim**, die Keime; keimen
kein, keine, keiner, keins [keines], keinem, keinen; keinmal

der [das] **Keks**, die Keks [Kekse]
der **Kelch**, die Kelche
die **Kel|le**, die Kellen
der **Kel|ler**, die Keller
der **Kell|ner**, die Kellner; die Kellnerin

ken|nen, sie kennt, ich kannte, ich habe gekannt; bekannt; kennen lernen; die Kenntnis; das Kennzeichen
ken|tern; das Boot kentert
die **Ke|ra|mik**, die Keramiken
die **Ker|be**, die Kerben
der **Ker|ker**, die Kerker
der **Kerl**, die Kerle
der **Kern**, die Kerne; kerngesund
die **Ker|ze**, die Kerzen; kerzengerade
der **Ke|scher** [Käscher] (Fangnetz), die Kescher
der **Kes|sel**, die Kessel
das [der] **Ket|schup [Ketsch|up]** [Ketchup]
die **Ket|te**, die Ketten; anketten
keu|chen; der Keuchhusten
die **Keu|le**, die Keulen
das **Kfz** (Kraftfahrzeug); die Kfz-Werkstatt
ki|chern (lachen), sie kichert
das **Kick|board**, die Kickboards
ki|cken; er kickt den Ball
der **Kie|fer** (Knochen), die Kiefer
die **Kie|fer** (Nadelbaum), die Kiefern

Kiel
die **Kie|me**, die Kiemen
der **Kies**; die Kiesgrube
Ki|ew (Hauptstadt der Ukraine)
das **Ki|lo**, die Kilos; das Kilogramm [kg], zwei Kilogramm
der **Ki|lo|me|ter** [km], die Kilometer
das **Kind**, die Kinder; die Kindheit; der Kinderwagen; kindlich; der Kindergarten
das **Kinn**, die Kinne; der Kinnhaken
das **Ki|no**, die Kinos
der **Ki|osk**, die Kioske
kip|pen; umkippen
die **Kir|che**, die Kirchen
die **Kir|mes**
die **Kir|sche**, die Kirschen
Ki|schi|nau (Hauptstadt von Moldawien)
das **Kis|sen**, die Kissen
die **Kis|te**, die Kisten
der **Kitsch**; kitschig
das **Kitt|chen** (Gefängnis)
der **Kit|tel**, die Kittel
das **Kitz** (junges Reh), die Kitze
kit|zeln; kitzelig [kitzlig]
die **Klad|de**, die Kladden
kläf|fen; der Hund kläfft
die **Kla|ge**, die Klagen; klagen

die **Klam|mer**, die Klammern; klammern; einklammern
die **Kla|mot|ten**
der **Klang**, die Klänge; klangvoll
die **Klap|pe**, die Klappen; klappen; aufklappen; zuklappen; klapprig
klap|pern; die Klapper
der **Klaps**, die Klapse
klar; klären; erklären; die Kläranlage
die **Klas|se**, die Klassen; die Klassenlehrerin; das ist klasse!
klat|schen, er klatscht
die **Klaue**, die Klauen
klau|en; geklaut
das **Kla|vier**, die Klaviere
kle|ben, sie klebt; klebrig; der Klebstoff
kle|ckern, er kleckert
der **Klecks**, die Kleckse; klecksen
der **Klee**; das Kleeblatt
das **Kleid**, die Kleider; die Kleidung; der Kleiderbügel
klein; kleinlich; die Kleinen; etwas Kleines; die Kleinigkeit
der **Kleis|ter** (Klebstoff)
klem|men; die Klemme; in der Klemme sitzen
der **Klemp|ner**, die Klempner

die **Klet|te**, die Kletten
klet|tern, ich klettere, sie klettert, ich kletterte, ich bin geklettert
das **Kli|ma**; klimatisiert; die Klimaanlage
der **Klimm|zug**, die Klimmzüge
klim|pern, er klimpert
die **Klin|ge**, die Klingen; die Rasierklinge
die **Klin|gel**, die Klingeln; klingeln
klin|gen; die Glocke klingt, sie klang, sie hat geklungen
die **Kli|nik**, die Kliniken
die **Klin|ke**, die Klinken; die Türklinke
die **Klip|pe**, die Klippen
klir|ren; die Scheibe klirrt
das **Klo**, die Klos; das Klosett
klö|nen (miteinander sprechen)
klop|fen, es klopft; anklopfen
der **Klops**, die Klöpse
der **Kloß**, die Klöße
das **Klos|ter**, die Klöster
der **Klotz**, die Klötze
der **Klub** [Club], die Klubs
klug, klüger, am klügsten; die Klugheit
der **Klum|pen**, die Klumpen
knab|bern, ich knabbere
der **Kna|be**, die Knaben
das **Knä|cke|brot**
kna|cken; die Knackwurst
knal|len; der Knall; knallrot

knapp; mit knapper Not
knar|ren; die Tür knarrt
knat|tern; das Mofa knattert
der [das] **Knäu|el**, die Knäuel
knau|sern (geizig sein); knauserig
der **Knecht**, die Knechte
knei|fen, sie kneift, ich kniff, ich habe gekniffen
kne|ten; das Knetgummi
kni|cken; der Knick, die Knicke
der **Knicks**, die Knickse; knicksen
das **Knie**, die Knie; knien, er kniet
der **Kniff** (Trick), die Kniffe
kniff|lig [kniffelig]; knifflige Fragen
knip|sen (fotografieren; lochen), er knipst; anknipsen; ausknipsen
der **Knirps** (Junge), die Knirpse
knir|schen, du knirschst
knis|tern, es knistert
knit|tern; knitterarmer Stoff
kno|beln; der Knobelbecher
der **Knob|lauch**
der **Knö|chel**, die Knöchel
der **Kno|chen**, die Knochen
der **Knö|del** (Kloß), die Knödel
die **Knol|le**, die Knollen
der **Knopf**, die Knöpfe; knöpfen
der **Knor|pel**, die Knorpel
die **Knos|pe**, die Knospen; knospig

der **Kno|ten**, die Knoten
knül|len; verknüllt
knüp|fen; verknüpfen
der **Knüp|pel**, die Knüppel
knur|ren; der Hund knurrt
knus|pern; knuspriges Brot
k. o. (bewusstlos) schlagen; k. o. sein
ko|chen; der Koch; die Köche; die Köchin; der Kochtopf; kochend heiß
der **Kö|der**, die Köder
der **Kof|fer**, die Koffer
der **Kohl**; der Kohlrabi
die **Koh|le**, die Kohlen
die **Ko|kos|nuss**, die Kokusnüsse
der **Kol|ben**, die Kolben; die Kolbenhirse
der **Kol|le|ge**, die Kollegen; die Kollegin
Köln
kom|bi|nie|ren; sie kombiniert
der **Ko|met**, die Kometen

kom|for|ta|bel; der Komfort
ko|misch; der Komiker

das **Kom|ma**, die Kommas [Kommata]
kom|man|die|ren; das Kommando
kom|men, er kommt, ich kam, ich bin gekommen
der **Kom|mis|sar**, die Kommissare; die Kommissarin
die **Kom|mo|de**, die Kommoden
die **Kom|mu|ni|on** (Abendmahl)
die **Ko|mö|die** (lustiger Film oder Theaterstück), die Komödien
der **Kom|pass**, die Kompasse

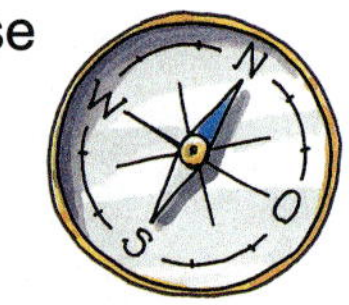

kom|plett (vollständig)
das **Kom|pli|ment**, die Komplimente
kom|pli|ziert (schwierig)
der **Kom|po|nist**, die Komponisten; die Komponistin; komponieren
der **Kom|post**; der Komposthaufen
das **Kom|pott**, die Kompotte
der **Kom|pro|miss**, die Kompromisse
die **Kon|dens|milch**
die **Kon|di|ti|on**
der **Kon|di|tor**, die Konditoren; die Konditorin; die Konditorei
der [das] **Kon|dom** (Verhütungsmittel), die Kondome
die **Kon|fe|renz**, die Konferenzen
die **Kon|fes|si|on** (religiöse Glaubensrichtung), die Konfessionen

das **Kon|fet|ti**

die **Kon|fir|ma|ti|on**; der Konfirmand; die Konfirmandin

die **Kon|fi|tü|re** (Marmelade)

der **Kon|flikt** (Streit), die Konflikte

der **Kö|nig**, die Könige; die Königin; königlich

die **Kon|kur|renz** (Wettbewerb); der Konkurrent; die Konkurrentin; konkurrieren

kön|nen, er kann, ich konnte, ich habe gekonnt

die **Kon|ser|ve**, die Konserven

der **Kon|so|nant** (Mitlaut), die Konsonanten

kons|tru|ie|ren [kon|stru|ie|ren] (entwerfen, bauen); die Konstruktion

der **Kon|sum** (Verbrauch); konsumieren

der **Kon|takt**, die Kontakte; die Kontaktlinsen

der **Kon|ti|nent**, die Kontinente

das **Kon|to** (bei der Bank), die Konten

kon|tra [kont|ra] (gegen)

die **Kon|trol|le [Kont|rol|le]**, die Kontrollen; kontrollieren

sich **kon|zen|trie|ren**; die Konzentration

das **Kon|zert**, die Konzerte

Ko|pen|ha|gen (Hauptstadt von Dänemark)

der **Kopf**, die Köpfe; kopfüber

ko|pie|ren (vervielfältigen); die Kopie, die Kopien

der **Ko|ran** (heiliges Buch des Islam)

der **Korb**, die Körbe

die **Kor|del**, die Kordeln

der **Kor|ken**, die Korken; entkorken

das **Korn**, die Körner; die Kornblume

der **Kör|per**, die Körper

kor|rekt (richtig); die Korrektur (Berichtigung)

der **Kor|ri|dor** (Flur), die Korridore

kor|ri|gie|ren (berichtigen)

die **Kos|me|tik**; die Kosmetikerin

der **Kos|mos** (Weltall); kosmisch; der Kosmonaut

die **Kost** (Nahrung); köstlich; kosten (schmecken)

kos|ten; es kostet drei Euro; die Kosten; kostenlos; kostbar

das **Kos|tüm**, die Kostüme

das **Ko|te|lett**, die Koteletts [Kotelette]

der **Kö|ter**, die Köter

der **Kot|flü|gel**, die Kotflügel

kot|zen (erbrechen), er kotzt

die **Krab|be** (Krebs), die Krabben

krab|beln; das Kind krabbelt

der **Krach**; krachen; verkrachen

kräch|zen, er krächzt; krächzend

die **Kraft**, die Kräfte; kräftig
der **Kra|gen**, die Kragen [Krägen]
die **Krä|he**, die Krähen
krä|hen; der Hahn kräht
die **Kral|le**, die Krallen; krallen
der **Kram**; kramen
der **Krampf**, die Krämpfe;
krampfhaft; verkrampfen
der **Kran**, die Kräne
der **Kra|nich**, die Kraniche
krank; erkranken;
der Kranke; die Kranke;
das Krankenhaus; die Krankheit
krän|ken; gekränkt sein
der **Kranz**, die Kränze
krass, krasser, am krassesten
der **Kra|ter**, die Krater
krat|zen, sie kratzt
krau|len [crawlen]
kraus; kräuseln
das **Kraut**, die Kräuter; das Unkraut
der **Kra|wall**, die Krawalle
die **Kra|wat|te**, die Krawatten
kra|xeln (klettern)
kre|a|tiv; die Kreativität
der **Krebs**, die Krebse
der **Kre|dit**;
einen Kredit aufnehmen
(sich Geld leihen)

Kr

die **Krei|de**; kreidebleich
der **Kreis**, die Kreise;
kreisrund; kreisen; einkreisen;
der Kreisel
krei|schen, sie kreischt
die **Krem** [Kreme, Creme], die Krems;
kremen; sie kremt sich ein
das **Krepp|pa|pier**
das **Kreuz**, die Kreuze; kreuzen;
kreuz und quer
die **Kreuz|ot|ter**, die Kreuzottern
die **Kreu|zung**, die Kreuzungen
krib|beln, es kribbelt
krie|chen, er kriecht, ich kroch,
ich bin gekrochen
der **Krieg**, die Kriege;
kriegerisch
krie|gen, sie kriegt, ich kriegte
der **Kri|mi**, die Krimis; kriminell
der **Krin|gel**, die Kringel
die **Krip|pe**, die Krippen
die **Kri|se**, die Krisen
der **Kris|tall**, die Kristalle
die **Kri|tik**, die Kritiken;
kritisch; kritisieren
krit|zeln; die Kritzelei
Kro|a|ti|en;
der Kroate, die Kroaten,
die Kroatin; kroatisch

das **Kro|ko|dil**, die Krokodile
der **Kro|kus**,
die Krokusse
die **Kro|ne**, die Kronen
die **Krö|te**, die Kröten
die **Krü|cke**, die Krücken
der **Krug**, die Krüge
der **Krü|mel**, die Krümel; krümeln
krumm; die Krümmung
der **Krüp|pel**, die Krüppel; verkrüppelt
die **Krus|te**, die Krusten; verkrustet
das **Kru|zi|fix**, die Kruzifixe
der **Kü|bel** (Gefäß), die Kübel
die **Kü|che**, die Küchen
der **Ku|chen**, die Kuchen
der **Ku|ckuck**, die Kuckucke
die **Ku|fe** (am Schlitten), die Kufen
die **Ku|gel**, die Kugeln; kuglig
[kugelig]; der Kugelschreiber
die **Kuh**, die Kühe
kühl; kühlen; die Kühle;
der Kühler; der Kühlschrank
die **Kuh|le** (Grube), die Kuhlen
kühn; die Kühnheit
das **Kü|ken**, die Küken
der **Ku|li** (Kugelschreiber), die Kulis
kul|lern (rollen)
die **Kul|tur**, die Kulturen; kulturell
der **Küm|mel** (Gewürz)

der **Kum|mer**; sich kümmern
der **Kun|de** (Käufer), die Kunden;
die Kundin; die Kundschaft
die **Kun|de** (Nachricht); kundig
kün|di|gen; die Kündigung
künf|tig (in Zukunft)
die **Kunst**, die Künste; künstlich;
der Künstler; die Künstlerin;
der Kunststoff; das Kunststück
kun|ter|bunt
das **Kup|fer**; kupfern
die **Kup|pel**, die Kuppeln
die **Kupp|lung**; kuppeln
die **Kur**, die Kuren; der Kurgast
die **Kur|bel**, die Kurbeln; kurbeln
der **Kür|bis**, die Kürbisse
der **Kurs**, die Kurse; der Kursus
die **Kur|ve**, die Kurven; kurvig
kurz, kürzer, am kürzesten;
die Kürze; in Kürze; kürzlich
ku|scheln; das Kuscheltier
die **Ku|si|ne** [Cousine], die Kusinen
der **Kuss**, die Küsse; küssen
die **Küs|te**, die Küsten
der **Küs|ter** (Kirchendiener),
die Küster; die Küsterin
die **Kut|sche**, die Kutschen
der **Kut|ter**, die Kutter; der Fischkutter
das **Ku|vert** (Briefumschlag), die Kuverts

das **La|bor**, die Labors [Labore]
das **La|by|rinth** (Irrgarten), die Labyrinthe
la|chen, sie lacht; lachhaft;
das Lachen; lächeln; lächerlich
der **Lachs**, die Lachse
der **Lack**, die Lacke; lackieren;
die Lackierung
der **La|den**, die Läden [Laden]
la|den, er lädt, ich lud,
ich habe geladen; die Ladung
die **La|ge**; in der Lage sein
das **La|ger**, die Lager; lagern
lahm; lähmen; die Lähmung
der **Laib**, die Laibe; ein Laib Brot
Lai|bach (Hauptstadt von Slowenien)
der **Laich** (Eier von Wassertieren);
der Froschlaich; laichen
der **Laie** (Nichtfachmann), die Laien
das **La|ken** (Betttuch), die Laken
die **La|krit|ze [Lak|rit|ze]**;
der [das] Lakritz
lal|len, er lallt

La

das **La|ma** (Kamelart), die Lamas
das **La|met|ta** (Glitzerfäden)
das **Lamm**, die Lämmer; das Lämmchen
die **Lam|pe**, die Lampen
der [das] **Lam|pi|on**, die Lampions
das **Land**, die Länder; ländlich;
die Landschaft; die Landstraße;
die Landkarte; die Landwirtschaft
lan|den; die Landung
lang, länger, am längsten; lange;
länglich; die Länge; verlängern
die **Lan|ge|wei|le**; langweilig
lang|sam; die Langsamkeit
längst; seit langem
der **Lap|pen**, die Lappen
die **Lär|che** (Baum), die Lärchen
der **Lärm**; lärmen; der Lärmschutz
die **Lar|ve** (Raupe), die Larven
er **las** → lesen
die **La|sche**, die Laschen
der **La|ser** (Lichtstrahl); der Laserdrucker
las|sen, er lässt, ich ließ,
ich habe gelassen; lass los!
läs|sig
das [der] **Las|so**, die Lassos
die **Last**, die Lasten
der **Las|ter** (Lastwagen), die Laster
das **Las|ter** (Untugend), die Laster
läs|tern, er lästert

läs|tig; belästigen
der **Last|wa|gen**, die Lastwagen
das **La|tein**; lateinisch
die **La|ter|ne**, die Laternen
die **Lat|schen**; latschen, er latscht
die **Lat|te**, die Latten
der **Latz**; die Latzhose; das Lätzchen
lau; lauwarmes Wasser
das **Laub**; der Laubbaum
die **Lau|be**, die Lauben
der **Lauch** (Zwiebelpflanze)
lau|ern; ich lauere dir auf; auf der Lauer sein
lau|fen, er läuft, ich lief, ich bin gelaufen; der Lauf; der Läufer; die Läuferin
die **Lau|ge**, die Laugen
die **Lau|ne**; sie ist guter Laune; launisch
die **Laus**, die Läuse

lau|schen, er lauscht; belauschen
laut; der Laut, die Laute; der Lautsprecher
läu|ten, es läutet; das Geläut [Geläute]
lau|ter (nur); lauter Steine
die **La|va**; der Lavastrom
die **La|wi|ne**, die Lawinen
lax (nachlässig)

le|ben, er lebt; das Leben; lebendig; lebensgefährlich; lebhaft; leblos; die Lebensmittel
die **Le|ber**; die Leberwurst; der Leberfleck
der **Leb|ku|chen**, die Lebkuchen
lech|zen; sie lechzt nach Wasser
leck; ein leckes Schiff; das Leck
le|cken, er leckt
le|cker; der Leckerbissen
das **Le|der**; die Lederjacke
le|dig (unverheiratet)
le|dig|lich
leer; die Leere; leeren; der Leerlauf
die **Le|gas|the|nie** (Lese- und Rechtschreibschwäche)
le|gen, er legt, ich habe gelegt
die **Le|gen|de** (überlieferte Geschichte), die Legenden
die **Le|gen|de** (Symbolerklärung auf Landkarten), die Legenden
der **Lehm**; der Lehmboden; lehmig
die **Leh|ne**, die Lehnen; lehnen
der **Leh|rer**, die Lehrer; die Lehrerin, die Lehrerinnen; lehren; der Lehrling; die Lehre
der **Leib** (Körper), die Leiber
die **Lei|che**, die Leichen; der Leichnam; leichenblass

leicht; die Leichtigkeit;
der Leichtsinn; leichtsinnig

die **Leicht|ath|le|tik**

lei|den, er leidet, ich litt,
ich habe gelitten; zu Leide
[zuleide] tun; das Leid [Leiden];
das Mitleid; es tut mir leid

die **Lei|den|schaft**; leidenschaftlich

lei|der

lei|hen; sie leiht mir das Buch;
ich lieh, ich habe geliehen;
die Leihbücherei

der **Leim**; leimen

die **Lei|ne**, die Leinen; anleinen

das **Lei|nen** (Stoff)

der **Lein|sa|men**, die Leinsamen

die **Lein|wand** (im Kino)

Leip|zig

lei|se, leiser, am leisesten

die **Leis|te**, die Leisten

leis|ten; die Leistung

lei|ten; der Leiter; die Leiterin

die **Lei|ter**, die Leitern

die **Lei|tung**, die Leitungen

die **Lek|ti|on** (Übung), die Lektionen

die **Lek|tü|re** (Lesetext), die Lektüren

len|ken; der Lenker;
die Lenkung; das Lenkrad

der **Lenz** (Frühling)

der **Le|o|pard**, die Leoparden

die **Ler|che** (Vogel), die Lerchen

ler|nen; beim Lernen;
Englisch lernen; laufen lernen

le|sen, er liest, ich las, du lasest,
ich habe gelesen; das Lesebuch;
der Leser; die Leserin, lesenswert

Lett|land; der Lette, die Letten,
die Lettin; lettisch

letz|te; das letzte Brot; ein letzter
Blick; der [die, das] Letzte;
als Letzter kommen; zuletzt; letztens

leuch|ten; der Leuchter;
der Leuchtturm; leuchtend

leug|nen; verleugnen

die **Leu|te** (Mehrzahl)

das **Le|xi|kon**, die Lexika
[Lexiken]

die **Li|bel|le**, die Libellen

das **Licht**, die Lichter; licht (hell);
lichterloh; die Lichtung

das **Lid** (Augendeckel), die Lider

lie|ben, sie liebt; lieb haben;
die Liebe; der Liebling;
lieb, lieber, am liebsten;
liebevoll; lieblich

Liech|ten|stein

das **Lied**, die Lieder

lie|der|lich (unordentlich)

er **lief** → laufen
lie|fern; die Lieferung
lie|gen, er liegt, ich lag, ich habe gelegen; liegen lassen → lassen; die Liege; der Liegestuhl
er **liest** → lesen
der **Lift**, die Lifte [Lifts]
die **Li|ga** (Vereinigung), die Ligen; die Bundesliga
li|la; ein lila Kleid
die **Li|lie**, die Lilien
die **Li|mo|na|de**, die Limonaden
die **Lin|de**, die Linden
lin|dern; die Linderung
das **Li|ne|al**, die Lineale
die **Li|nie**, die Linien; liniert [liniiert]
links; linksherum; der linke Fuß; linkshändig; der Linkshänder; die Linkshänderin
das **Li|no|le|um [Lin|o|le|um]** (Bodenbelag)
die **Lin|se**, die Linsen
die **Lip|pe**, die Lippen
lis|peln, er lispelt
Lis|sa|bon (Hauptstadt von Portugal)
die **List**, die Listen; listig; hinterlistig; mit List und Tücke
die **Lis|te**, die Listen

Li|tau|en; litauisch
der [das] **Li|ter**, die Liter; ein viertel Liter; literweise
die **Li|te|ra|tur**
die **Lit|faß|säu|le**, die Litfaßsäulen
die **Live|sen|dung** (Direktsendung)
der **Lkw** [LKW] (Lastkraftwagen), die Lkws
das **Lob**; loben; lobenswert
das **Loch**, die Löcher; lochen; löcherig [löchrig]
die **Lo|cke**, die Locken; lockig; das Löckchen
lo|cken; der Lockruf; verlockend
lo|cker; lockern
der **Lo|den** (Stoff); der Lodenmantel
lo|dern; die Flamme lodert
der **Löf|fel**, die Löffel; löffeln; auslöffeln; löffelweise
die **Lo|ge** (im Theater), die Logen
lo|gisch; die Logik
der **Lohn**, die Löhne; sich lohnen; belohnen; die Belohnung
die **Loi|pe** (Langlaufbahn), die Loipen
die **Lok**, die Loks; die Lokomotive; der Lokführer; die Lokführerin
das **Lo|kal**, die Lokale
der **Lol|li**, die Lollis
Lon|don (Hauptstadt von Großbritannien)

der **Lor|beer**; das Lorbeerblatt
los; was ist los?
das **Los**, die Lose; der Losverkäufer; die Losverkäuferin; verlosen; die Verlosung
los|bin|den → binden
lö|schen, er löscht; verlöschen; das Löschblatt
lo|se; die Schraube ist lose
lö|sen; eine Fahrkarte lösen; ein Rätsel lösen; die Lösung
los|fah|ren → fahren
los|ge|hen → gehen
los|las|sen → lassen
los|lau|fen → laufen
los|ma|chen → machen
los|rei|ßen → reißen
los|wer|den → werden
das **Lot** (Senkblei), die Lote
lö|ten; der Lötkolben
die **Lo|ti|on**, die Lotionen
der **Lot|se**, die Lotsen; lotsen
die **Lot|te|rie**, die Lotterien; das Lotto; der Lottogewinn
der **Lö|we**, die Löwen
der **Lö|wen|zahn**
der **Luchs** (Raubtier), die Luchse
die **Lü|cke**, die Lücken; lückenhaft; lückenlos; der Lückenbüßer

die **Luft**, die Lüfte; der Luftballon; die Luftverschmutzung; luftig; die Luftpumpe; luftdicht
lüf|ten; die Lüftung
lü|gen, sie lügt, ich log, ich habe gelogen; belügen; die Lüge; der Lügner; die Lügnerin
die **Lu|ke** (Öffnung), die Luken; die Dachluke; die Kellerluke
der **Lüm|mel**, die Lümmel; sich lümmeln
der **Lump** (schlechter Mensch), die Lumpen; lumpig (gemein); sich nicht lumpen lassen
der **Lum|pen** (Fetzen), die Lumpen; zerlumpt
der **Lunch** (kleines Mittagessen); das Lunchpaket
die **Lun|ge**, die Lungen; die Lungenentzündung
lun|gern; er lungert herum
die **Lu|pe**, die Lupen; lupenrein
der **Lurch**, die Lurche
die **Lust**, die Lüste; lustlos; lustig
lut|schen, sie lutscht; der Lutscher
Lu|xem|burg; der Luxemburger
der **Lu|xus**; luxuriös
die **Ly|rik** (Dichtung in Versen); lyrisch

Ma

ma|chen, sie macht; einmachen; aufmachen; zumachen
die **Macht**, die Mächte; mächtig
das **Mäd|chen**, die Mädchen
die **Ma|de**, die Maden
die **Ma|don|na**, die Madonnen
Ma|drid [Mad|rid] (Hauptstadt von Spanien)
sie **mag** → mögen
die **Magd**, die Mägde
Mag|de|burg
der **Ma|gen**, die Mägen [Magen]
ma|ger; die Magermilch
der **Ma|gi|er**, die Magier; magisch
der **Ma|gnet [Mag|net]**, die Magnete [Magneten]; magnetisch
mä|hen, er mäht; die Mähmaschine
das **Mahl** (Festessen); die Mahlzeit
mah|len; gemahlener Kaffee
die **Mäh|ne**, die Mähnen
mah|nen; ermahnen; die Mahnung
der **Mai**; der Maikäfer; das Maiglöckchen
der **Main** (Fluss)
Mainz
der **Mais**; der Maiskolben
die **Ma|jes|tät**; majestätisch
die **Ma|jo|nä|se**, die Majonäsen
Ma|ke|do|ni|en [Mazedonien]; der Makedonier, die Makedonier, die Makedonierin; makedonisch
das **Make-up** (Schminke)
die **Mak|ka|ro|ni** (Nudeln)
der **Mak|ler** (Vermittler), die Makler; die Maklerin
mal; einmal, zweimal; keinmal; das erste Mal; ein paar Male
ma|len; der Maler; die Malerei
mal|neh|men (multiplizieren)
Mal|ta; der Malteser, die Malteser, die Malteserin; maltesisch
das **Malz**; das Malzbonbon
die **Ma|ma**, die Mamas; Mami
das **Mam|mut**, die Mammuts
man
manch, manche, mancher, manches; manch einer
manch|mal
die **Man|da|ri|ne**, die Mandarinen
die **Man|del**, die Mandeln
die **Ma|ne|ge**, die Manegen; die Zirkusmanege

der **Man|gel** (Fehler), die Mängel; mangelhaft
die **Man|gel** (zum Glätten von Wäsche), die Mangeln; mangeln
die **Ma|nie|ren** (Umgangsformen)
der **Mann**, die Männer; männlich; die Mannschaft
der **Man|tel**, die Mäntel
die **Map|pe**, die Mappen
das **Mär|chen**, die Märchen
der **Mar|der**, die Marder
die **Mar|ga|ri|ne**
die **Mar|ge|ri|te**, die Margeriten
der **Ma|ri|en|kä|fer**, die Marienkäfer
die **Ma|ri|ne**; marineblau
die **Ma|ri|o|net|te**, die Marionetten; das Marionettentheater
das **Mark**; das Knochenmark
die **Mark** (Geld)
die **Mar|ke**, die Marken; die Briefmarke
der **Markt**, die Märkte
die **Mar|me|la|de**, die Marmeladen
mar|schie|ren; der Marsch, die Märsche
der **März**
das **Mar|zi|pan**
die **Ma|sche**, die Maschen
die **Ma|schi|ne**, die Maschinen
die **Ma|sern** (Mehrzahl; Krankheit)

die **Mas|ke**, die Masken; maskieren
das **Mas|kott|chen**, die Maskottchen
das **Maß**, die Maße; der Maßstab; mäßig; gleichmäßig
die **Mas|se**, die Massen; massenhaft
mas|sie|ren; die Massage
mas|siv
der **Mast**, die Masten
das **Match**, die Matchs [Matche]
das **Ma|te|ri|al**, die Materialien
die **Ma|the|ma|tik**; mathematisch
die **Ma|trat|ze [Mat|rat|ze]**, die Matratzen
der **Ma|tro|se [Mat|ro|se]**, die Matrosen
der **Matsch**; matschig
matt; die Mattscheibe
die **Mat|te**, die Matten
die **Mau|er**, die Mauern; mauern
das **Maul**, die Mäuler; maulen
der **Maul|wurf**, die Maulwürfe

der **Mau|rer**, die Maurer
die **Maus**, die Mäuse; mäuschenstill
ma|xi|mal (höchstens)
der **Me|cha|ni|ker**, die Mechaniker; die Mechanikerin; mechanisch
me|ckern, ich meckere
Meck|len|burg-Vor|pom|mern
die **Me|dail|le**, die Medaillen

die **Me|di|en**
das **Me|di|ka|ment**, die Medikamente
die **Me|di|zin**; medizinisch
das **Meer**, die Meere
der **Meer|ret|tich**
das **Meer|schwein|chen**
das **Mehl**; mehlig
mehr; mehrere; mehrmals; die Mehrheit; die Mehrzahl
mei|den, er meidet, ich mied, ich habe gemieden
die **Mei|le**, die Meilen; meilenweit
mein; meine; meiner; meinetwegen
mei|nen; die Meinung
die **Mei|se**, die Meisen
der **Mei|ßel**, die Meißel; meißeln
meist; meistens; am meisten; das meiste; die meisten
der **Meis|ter**, die Meister; die Meisterin; die Meisterschaft
mel|den; die Meldung
mel|ken, ich habe gemolken [gemelkt]; die Molkerei

die **Me|lo|die**, die Melodien
die **Me|lo|ne**, die Melonen
das **Me|mo|ry**
die **Men|ge**, die Mengen
der **Mensch**, die Menschen; menschlich
das **Me|nü** (Speisenfolge), die Menüs
mer|ken, ich habe gemerkt
merk|wür|dig; das Merkmal
die **Mes|se**, die Messen
mes|sen, er misst, ich maß, ich habe gemessen
das **Mes|ser**, die Messer
das **Mes|sing** (Metall)
das **Me|tall**, die Metalle; metallisch
der **Me|te|or** (Feuerkugel), die Meteore
der [das] **Me|ter** [m], die Meter; das Metermaß
die **Me|tho|de**, die Methoden
der **Metz|ger**, die Metzger; die Metzgerei
meu|tern (sich beschweren), sie meutert; die Meuterei
mi|au|en; die Katze miaut
mich; der Hund beißt mich
die **Mi|cky|maus**
der **Mief** (Gestank); miefig
die **Mie|ne** (Gesichtsausdruck), die Mienen; eine Miene ziehen
mies (schlecht)

Mi

die **Mie|te**, die Mieten; der Mieter; die Mieterin; mieten; vermieten

das **Mi|kro|fon [Mik|ro|fon]** [Mikrophon], die Mikrofone

das **Mi|kro|skop [Mik|ros|kop]**, die Mikroskope

die **Milch**; die Milchflasche

mild [milde]; die Milde

das **Mi|li|tär**; militärisch

die **Mil|li|ar|de** (1000 Millionen), die Milliarden

das **Mil|li|gramm** [mg], die Milligramm

der [das] **Mil|li|me|ter** [mm], die Millimeter

die **Mil|li|on**, die Millionen; der Millionär

min|des|tens

die **Mi|ne** (im Bleistift), die Minen

das **Mi|ne|ral**, die Mineralien

das **Mi|ni|golf**

der **Mi|nis|ter**, die Minister; die Ministerin

Minsk (Hauptstadt von Weißrussland)

mi|nus (weniger)

die **Mi|nu|te**, die Minuten

mir; er hilft mir

mi|schen, sie mischt; die Mischung

mi|se|ra|bel (schlecht)

miss|ach|ten → achten; die Missachtung

miss|brau|chen → brauchen; der Missbrauch

der **Miss|er|folg**

miss|han|deln → handeln; die Misshandlung

miss|mu|tig (schlecht gelaunt)

sie **misst** → messen

das **Miss|trau|en**; misstrauisch

das **Miss|ver|ständ|nis**; missverstehen

der **Mist**; der Misthaufen

mit; ich spiele mit ihm

der **Mit|ar|bei|ter**, die Mitarbeiter; die Mitarbeiterin; mitarbeiten

mit|brin|gen → bringen

mit|ein|an|der [mit|ei|nan|der]; miteinander spielen

mit|fah|ren → fahren

mit|ge|hen → gehen

das **Mit|glied**, die Mitglieder

mit|kom|men → kommen

der **Mit|laut**, die Mitlaute

das **Mit|leid**; mitleidig

der **Mit|mensch**, die Mitmenschen

mit|neh|men → nehmen

der **Mit|schü|ler**, die Mitschüler; die Mitschülerin

der **Mit|tag**; heute Mittag; am Mittag; das Mittagessen; mittags

die **Mit|te**; in der Mitte; mittendurch

mit|tei|len; die Mitteilung
das **Mit|tel**, die Mittel
das **Mit|tel|al|ter**; mittelalterlich
das **Mit|tel|meer**
der **Mit|tel|punkt**, die Mittelpunkte
die **Mit|ter|nacht**; um Mitternacht
der **Mitt|woch**; mittwochs; Mittwochmorgen
mi|xen; der Mixer
die **Mö|bel** (Mehrzahl)
er **möch|te** → mögen
die **Mo|de**; modern; modisch
das **Mo|dell**, die Modelle
das **Mo|fa**, die Mofas
mo|geln; die Mogelei
mö|gen, ich mag, du magst, er mag, wir mögen, ihr mögt, sie mögen; ich möchte, du möchtest, er möchte, wir möchten, ihr möchtet, sie möchten
mög|lich; möglichst; die Möglichkeit
der **Mohn**; die Mohnblume
die **Möh|re**, die Möhren; die Mohrrübe
Mol|da|wi|en
die **Mol|ke|rei**, die Molkereien
mol|lig; mollig warm
der **Mo|ment**, die Momente
der **Mo|nat**, die Monate; monatlich; die Monatskarte
der **Mönch**, die Mönche
der **Mond**; der Mondschein; mondhell; mondsüchtig
die **Mo|ne|ten** (Geld)
der **Mo|ni|tor**, die Monitore
das **Mons|ter**, die Monster
der **Mon|tag**; montags; Montagabend
die **Mon|ta|ge**, die Montagen; montieren; der Monteur
das **Moor**, die Moore; moorig
das **Moos**, die Moose; moosig; bemoost
das **Mo|ped**, die Mopeds
die **Mo|ral**; moralisch
der **Mo|rast**
der **Mord**, die Morde; morden; der Mörder; die Mörderin
der **Mor|gen**; am Morgen; heute Morgen; eines Morgens; jeden Morgen
mor|gen (am folgenden Tag); morgen früh; bis morgen; morgen Mittag; morgens (in der Früh)
morsch; das Holz ist morsch
mor|sen; das Morsezeichen
der **Mör|tel** (zum Bauen)
die **Mo|schee** (islamisches Bethaus), die Moscheen
das **Mo|sa|ik** (Bild aus bunten Steinchen), die Mosaiks

die **Mo|sel** (Fluss)

Mos|kau (Hauptstadt von Russland)

der **Most**; mosten; die Mosterei

das **Mo|tiv**, die Motive

der **Mo|tor**, die Motoren

das **Mo|tor|rad**, die Motorräder

die **Mot|te**, die Motten

das **Mot|to**, die Mottos

das **Moun|tain|bike**, die Mountainbikes

die **Mö|we**, die Möwen

die **Mü|cke**, die Mücken

mucks|mäus|chen|still

mü|de; ermüden; die Müdigkeit

die **Mü|he**, die Mühen; mühsam

die **Müh|le**, die Mühlen

der **Müll**; der Mülleimer; das Müllauto; die Mülldeponie; die Müllhalde

die **Mull|bin|de** (Verband)

der **Mül|ler**, die Müller

mul|ti|pli|zie|ren (malnehmen); die Multiplikation

der **Mumps**

Mün|chen

der **Mund**, die Münder; mündlich; die Mundharmonika

mün|den; die Mündung

mun|ter; die Munterkeit

die **Mün|ze**, die Münzen

mür|be

die **Mur|mel**, die Murmeln

mur|meln; das Gemurmel

das **Mur|mel|tier**, die Murmeltiere

mur|ren; mürrisch

das [der] **Mus**; das Apfelmus

die **Mu|schel**, die Muscheln

das **Mu|se|um**, die Museen

die **Mu|sik**; das Musikinstrument; musikalisch; musizieren

der **Mus|kel**, die Muskeln; muskulös

das **Müs|li**

die **Mu|ße** (freie Zeit); müßig

müs|sen, er muss, ich musste, ich habe gemusst

das **Mus|ter**, die Muster; gemustert

der **Mut**; mutig; mutwillig; übermütig

die **Mut|ter**, die Mütter; Mutti; mütterlich

die **Mut|ter** (Schraubenteil), die Muttern

die **Müt|ze**, die Mützen

die **Na|be** (Mittelteil des Rades), die Naben
der **Na|bel**, die Nabel
nach; nach und nach
nach|ah|men; er ahmt ihn nach
der **Nach|bar**, die Nachbarn; die Nachbarin; die Nachbarschaft
nach|dem; nachdem er fort war, …
nach|den|ken → denken; nachdenklich
nach|ein|an|der [nach|ei|nan|der]
die **Nach|er|zäh|lung**
der **Nach|fol|ger**, die Nachfolger
nach|ge|ben → geben; nachgiebig
der **Nach|ge|schmack**
der **Nach|hau|se|weg**
nach|her (später)
die **Nach|hil|fe**; die Nachhilfestunde
der **Nach|kom|me**, die Nachkommen
nach|läs|sig; die Nachlässigkeit
der **Nach|mit|tag**; am Nachmittag; nachmittags
der **Nach|na|me**, die Nachnamen
die **Nach|richt**, die Nachrichten
nach|schla|gen → schlagen
die **Nach|schrift**, die Nachschriften
der **Nach|schub**
nach|se|hen → sehen
die **Nach|spei|se**, die Nachspeisen
nächst, nächste, nächster; nächste Woche; am nächsten; der Nächste
die **Nacht**, die Nächte; nachts; nächtlich; nächtelang
der **Nach|teil**, die Nachteile; nachteilig
die **Nach|ti|gall**, die Nachtigallen
der **Nach|tisch** (Nachspeise)
nach|tra|gend; nachträglich
nach|wei|sen → weisen; der Nachweis; nachweislich
der **Nach|wuchs**
der **Na|cken**, die Nacken
nackt [nackend]
die **Na|del**, die Nadeln; der Nadelbaum; nadeln
der **Na|gel**, die Nägel; nageln; der Fingernagel; die Nagelfeile
na|gen, er nagt; das Nagetier
nah [nahe], näher, am nächsten; die Nähe; sich nähern; von nah und fern; nahe liegend

nä|hen, sie näht; die Nähmaschine; die Nähnadel

er **nahm** → nehmen

die **Nah|rung**; das Nahrungsmittel; nahrhaft; ernähren

die **Naht**, die Nähte; nahtlos

na|iv (leichtgläubig, unbefangen)

der **Na|me**, die Namen

näm|lich

der **Napf** (Schüssel), die Näpfe; der Speisenapf; der Napfkuchen

die **Nar|be**, die Narben

die **Nar|ko|se** (Betäubung)

der **Narr**, die Narren; närrisch

die **Nar|zis|se**, die Narzissen

na|schen, er nascht; die Naschkatze

die **Na|se**, die Nasen; das Näschen; das Nasenbluten; das Nashorn

nass, nasser [nässer], am nassesten [nässesten]; das nasse Kleid; die Nässe

die **Na|ti|on**, die Nationen; die Nationalmannschaft; national; international

die **Na|tur**; der Naturschutz; natürlich; naturgetreu

der **Ne|bel**; nebelig [neblig]; der Nebelscheinwerfer

ne|ben; nebeneinander; nebenher

die **Ne|ben|sa|che**; nebensächlich

ne|cken; sie neckt ihn

der **Nef|fe**, die Neffen

ne|ga|tiv (verneinend); das Negativ (vom Film)

neh|men, er nimmt, ich nahm, ich habe genommen; nimm!

der **Neid**; neidisch; neidlos

sich **nei|gen**; die Neigung

nein; Nein [nein] sagen; mit Nein antworten

der **Nek|tar** (Blütensaft)

die **Nek|ta|ri|ne**, die Nektarinen

die **Nel|ke**, die Nelken

nen|nen, sie nennt, ich nannte, ich habe genannt

das **Ne|on|licht**; die Neonröhre

der **Nerv**, die Nerven; nervig; nervös; ein nervöser Mensch

die **Nes|sel**, die Nesseln

das **Nest**, die Nester

nett, netter, am nettesten

das **Netz**, die Netze

neu; etwas Neues; nichts Neues; die Neuigkeit; neuerdings

die **Neu|gier** [Neugierde]; neugierig

das **Neu|jahr**; das neue Jahr

neu|lich

neun; neun Uhr; neunzehn; neunzig; neunhundert; um neun; die Neun; der Neuner
neu|tral [neut|ral] (unparteiisch)
nicht; gar nicht
die **Nich|te**, die Nichten
der **Nicht|rau|cher**; die Nichtraucherin
nichts; alles oder nichts; nichts Neues; nichts ahnend
der **Nicht|schwim|mer**; die Nichtschwimmerin
ni|cken, er nickt; das Nickerchen
nie; nie wieder
nie|der; die Niederlage
die **Nie|der|lan|de**; der Niederländer, die Niederländer, die Niederländerin; niederländisch
Nie|der|sach|sen; der Niedersachse, die Niedersachsen, die Niedersächsin; niedersächsisch
der **Nie|der|schlag**, die Niederschläge
nied|lich
nied|rig, niedriger, am niedrigsten
nie|mals
nie|mand; niemanden
die **Nie|re**, die Nieren
nie|seln, es nieselt; der Nieselregen
nie|sen, sie niest; das Niespulver

die **Nie|te**, die Nieten
der **Ni|ko|laus**; der Nikolaustag
das **Ni|ko|tin** (Gift im Tabak)
das **Nil|pferd**, die Nilpferde

nim|mer (niemals)
er **nimmt** → nehmen
nip|pen; er nippt am Saft
nir|gends; nirgendwo
die **Ni|sche**, die Nischen
nis|ten; der Nistkasten
das **Ni|veau**, die Niveaus
die **Ni|xe**, die Nixen
no|bel (edel, vornehm)
noch; noch einmal; nochmals
der **No|ma|de** (Hirtenvolk), die Nomaden
das **No|men** (Namenwort), die Nomen [Nomina]
der **No|mi|na|tiv** (1. Fall, Werfall)
die **Non|ne**, die Nonnen
Nord|ame|ri|ka; der Nordamerikaner; nordamerikanisch
der **Nor|den**; nördlich; der Nordwind; der Nordpol; Norddeutschland
Nord|rhein-West|fa|len; der Nordrhein-Westfale, die Nordrhein-Westfalen, die Nordrhein-Westfälin; nordrhein-westfälisch
die **Nord|see**

No bis Ny

nör|geln; ich nörgele [nörgle]; die Nörgelei; nörgelig [nörglig]
nor|mal (üblich)
Nor|we|gen; der Norweger, die Norweger, die Norwegerin; norwegisch
die **Not**, die Nöte; er leidet Not
die **No|te**, die Noten
no|tie|ren; die Notiz; das Notizbuch
nö|tig; notwendig
der **No|vem|ber**
im **Nu** (sehr schnell)
nüch|tern
nu|ckeln; der Nuckel
die **Nu|del**, die Nudeln
das **Nu|gat [Nou|gat]**
null; er hat null Fehler; die Null (Ziffer), die Nullen; der Nullpunkt
die **Num|mer**, die Nummern; nummerieren
nun (jetzt); von nun an
nur; nur eine Minute
Nürn|berg
nu|scheln (undeutlich sprechen)
die **Nuss**, die Nüsse; die Walnuss
die **Nüs|ter**, die Nüstern
nüt|zen [nutzen], es nützt [nutzt]; die Nutzen; nützlich
das **Ny|lon**; der Nylonstrumpf

Oa bis Of

die **Oa|se** (Wasserstelle), die Oasen
ob
ob|dach|los (ohne Unterkunft)
die **O-Bei|ne**; o-beinig [O-beinig]
oben
der **Ober** (Kellner), die Ober
obe|re; die obere Seite; oberhalb
die **Ober|flä|che**, die Oberflächen; oberflächlich
ob|gleich (obwohl)
das **Ober|haupt**
das **Ob|jekt** (Gegenstand; Satzergänzung), die Objekte
die **Ob|la|te**, die Oblaten
das **Obst**; der Obstsalat
ob|wohl
der **Och|se** [Ochs], die Ochsen
öd [öde] (einsam)
oder; ich oder du
die **Oder** (Fluss)
der **Ofen**, die Öfen; der Heizofen
of|fen; offen stehen; offensichtlich

öf|fent|lich; die Öffentlichkeit
of|fi|zi|ell
der **Of|fi|zier**, die Offiziere
öff|nen, sie öffnet; die Öffnung
oft, öfter; öfters; wie oft; so oft
oh|ne; ohne weiteres
die **Ohn|macht**; ohnmächtig
das **Ohr**, die Ohren; die Ohrfeige
das **Oka|pi**, die Okapis
okay [o.k.]
der **Ok|to|ber**
das **Öl**, die Öle; ölen; ölig
die **Oli|ve**, die Oliven
die **Olym|pi|a|de**; die Olympischen Spiele; die Olympiamannschaft
die **Oma**, die Omas; Omi
das **Ome|lett**, die Omelette [Omeletts]
der **Om|ni|bus**, die Omnibusse
der **On|kel**, die Onkel
der **Opa**, die Opas; Opi
die **Oper**, die Opern
die **Ope|ra|ti|on**, die Operationen; operieren
das **Op|fer**, die Opfer; opfern
die **Op|tik**; der Optiker; die Optikerin
op|ti|mal (bestmöglich)
op|ti|mis|tisch (an das Gute glaubend)
die **Oran|ge**, die Orangen
oran|ge (rotgelb)

der **Orang-Utan** (Menschenaffe), die Orang-Utans
das **Or|ches|ter**, die Orchester
der **Or|den**, die Orden
or|dent|lich
ord|nen; die Ordnung; der Ordner
das **Or|gan**, die Organe
die **Or|ga|ni|sa|ti|on**, die Organisationen; organisieren
die **Or|gel**, die Orgeln; die Organistin
der **Ori|ent**; orientalisch
sich **ori|en|tie|ren**, die Orientierung
das **Ori|gi|nal**, die Originale
der **Or|kan** (Sturm), die Orkane
der **Ort**, die Orte; die Ortschaft
die **Ö|se**, die Ösen
Os|lo (Hauptstadt von Norwegen)
der **Os|ten**; östlich; die Ostsee; Ost und West
Os|tern; österlich
Ös|ter|reich; der Österreicher, die Österreicher, die Österreicherin; österreichisch

die **Ost|see**
oval (eirund); das Oval
der **Over|head|pro|jek|tor**, die Overheadprojektoren
der **Oze|an**, die Ozeane
das **Ozon|loch**; die Ozonschicht

paar (einige); ein paar Nüsse; ein paarmal
das **Paar** (zwei); ein Paar Schuhe; das Pärchen
die **Pacht**; der Pächter; pachten
das **Päck|chen**, die Päckchen
pa|cken, sie packt
pad|deln; das Paddel
das **Pa|ket**, die Pakete
der **Pa|last**, die Paläste
die **Pa|let|te**, die Paletten
die **Pal|me**, die Palmen
der **Palm|sonn|tag**
die **Pam|pel|mu|se**, die Pampelmusen
die **Pa|nik**; panikartig; panisch
die **Pan|ne**, die Pannen
das **Pa|no|ra|ma** (Rundblick)
der **Pan|ther** [Panter], die Panther
der **Pan|tof|fel**; ein Paar Pantoffeln
die **Pan|to|mi|me** (Darstellung nur durch Gebärden)
der **Pan|zer**, die Panzer

Pa

der **Pa|pa**, die Papas; Papi
der **Pa|pa|gei**, die Papageien
das **Pa|pier**, die Papiere
die **Pap|pe**; der Pappdeckel
die **Pap|pel**, die Pappeln
der **Pa|pri|ka [Pap|ri|ka]** (Gewürz, Gemüse)
der **Papst**, die Päpste
das **Pa|ra|dies**; paradiesisch
der **Pa|ra|graph** [§, Paragraf], die Paragraphen
pa|ral|lel [par|al|lel]; die Parallele
der **Pa|ra|sit** (Lebewesen, das auf Kosten anderer lebt), die Parasiten
pa|rat (bereit)
das **Pär|chen** (Paar), die Pärchen
das **Par|füm**, die Parfüms
Pa|ris (Hauptstadt von Frankreich)
der **Park**, die Parks
par|ken, er parkt; der Parkplatz
das **Par|kett**, die Parkette [Parketts]
das **Par|la|ment** (Volksvertretung), die Parlamente; parlamentarisch
die **Pa|ro|le**, die Parolen
die **Par|tei**, die Parteien
das **Par|ter|re** (Erdgeschoss)
der **Part|ner**, die Partner; die Partnerin
die **Par|ty**, die Partys
der **Pass**, die Pässe; der Reisepass

der **Pas|sa|gier**, die Passagiere
der **Pas|sant** (Fußgänger), die Passanten
pas|sen, es passt, es passte, es hat gepasst
pas|sie|ren; was ist passiert?
pas|siv (untätig)
die **Pas|te** [Pasta], die Pasten
der **Pas|tor**, die Pastoren
der **Pa|te**, die Paten; die Patin; der Patenonkel; die Patenschaft
der **Pa|ter**, die Patres [Pater]
der **Pa|ti|ent**, die Patienten; die Patientin
die **Pa|tro|ne [Pat|ro|ne]**, die Patronen
die **Pau|ke**, die Pauken
die **Pau|se**, die Pausen
pau|sen (durchzeichnen), sie paust; das Pauspapier
der **Pa|vi|an** (Affe), die Paviane
der **Pa|vil|lon**, die Pavillons
der **Pa|zi|fi|sche Oze|an** [Pazifik]
der **PC** [Personalcomputer], die PCs
das **Pech**; der Pechvogel
das **Pe|dal** (Fußhebel), die Pedale
der **Pe|gel**, die Pegel
die **Pein** (Qual); peinigen; peinlich (unangenehm)
die **Peit|sche**, die Peitschen; peitschen, sie peitscht
die **Pel|le**, die Pellen; pellen

der **Pelz**, die Pelze; der Pelzmantel
das **Pen|del**, die Pendel; pendeln
der **Pe|nis**, die Penisse
die **Pen|si|on**, die Pensionen
per|fekt (vollkommen)
das **Per|ga|ment|pa|pier**
die **Pe|ri|o|de** (Zeitraum), die Perioden
die **Per|le**, die Perlen
die **Per|son**, die Personen; persönlich; die Persönlichkeit; das Personal
die **Pe|rü|cke**, die Perücken
pes|si|mis|tisch (an das Schlechte glaubend)
die **Pest** (Krankheit)
die **Pe|ter|si|lie**
das **Pe|tro|le|um [Pet|ro|le|um]**
pet|zen, er petzt
der **Pfad**, die Pfade; der Pfadfinder; die Pfadfinderin
der **Pfahl**, die Pfähle
die **Pfalz**; pfälzisch
das **Pfand**, die Pfänder; pfänden
die **Pfan|ne**, die Pfannen; der Pfannkuchen

der **Pfar|rer**, die Pfarrer; die Pfarrerin; die Pfarrei
der **Pfau**, die Pfauen
der **Pfef|fer**; pfeffern, er pfeffert
die **Pfef|fer|min|ze**; der Pfefferminztee

die **Pfei|fe**, die Pfeifen
pfei|fen, sie pfeift, ich pfiff, ich habe gepfiffen
der **Pfeil**, die Pfeile; der Giftpfeil
der **Pfei|ler** (einer Brücke), die Pfeiler
der **Pfen|nig** [Pf], die Pfennige
das **Pferd**, die Pferde; die Pferdestärke [PS]
der **Pfiff**, die Pfiffe; pfiffig
der **Pfif|fer|ling** (Pilz), die Pfifferlinge
das **Pfingst|ten**; das Pfingstfest
der **Pfir|sich**, die Pfirsiche
pflan|zen, er pflanzt; die Pflanze, die Pflanzen; das Pflänzchen
das **Pflas|ter**, die Pflaster; pflastern, er pflastert
die **Pflau|me**, die Pflaumen; das Pflaumenmus
pfle|gen, er pflegt; die Pflege; der Pfleger; die Pflegerin
die **Pflicht**, die Pflichten
pflü|cken, sie pflückt
der **Pflug**, die Pflüge; pflügen; das Feld wird gepflügt
die **Pfor|te**; der Pförtner; die Pförtnerin
der **Pfos|ten**, die Pfosten
die **Pfo|te**, die Pfoten; das Pfötchen
der **Pfrop|fen** (Korken), die Pfropfen
pfui!

das **Pfund** [Pfd.], die Pfunde
pfu|schen, sie pfuscht
die **Pfüt|ze**, die Pfützen
die **Phy|sik**; physikalisch
der **Pi|ckel**, die Pickel
pi|cken; das Huhn pickt
das **Pick|nick**; picknicken
piep|sen [piepen], es piepst
pi|kant (gut gewürzt)
die **Pil|le**, die Pillen
der **Pi|lot**, die Piloten; die Pilotin
der **Pilz**, die Pilze
der **Pin|gu|in**, die Pinguine
die **Pinn|wand**, die Pinnwände
der **Pin|sel**, die Pinsel; pinseln
die **Pin|zet|te**, die Pinzetten
der **Pi|rat**, die Piraten; die Piratin
pir|schen (anschleichen); er pirscht sich an
die **Pis|te**, die Pisten
die **Pis|to|le**, die Pistolen
pitsch|nass
die **Piz|za**, die Pizzas [Pizzen]; die Pizzeria
der **Pkw** [PKW] (Personenkraftwagen), die Pkws
pla|gen; die Plage, die Plagen
das **Pla|kat**, die Plakate

die **Pla|ket|te**, die Plaketten
der **Plan**, die Pläne; der Stundenplan
pla|nen, sie plant; planmäßig
die **Pla|ne** (Decke), die Planen
der **Pla|net** (Himmelskörper), die Planeten

plant|schen; das Plantschbecken
plap|pern, er plappert
plär|ren, sie plärrt
das **Plas|tik** (Kunststoff); die Plastiktüte
die **Plas|tik** (Kunstwerk), die Plastiken
plät|schern, es plätschert
platt; die Platte, die Platten; der Plattenspieler; der Plattfuß
der **Platz**, die Plätze; die Platzkarte; das Plätzchen
plat|zen; der Luftballon platzt
plau|dern; die Plauderei
plei|te; ich bin pleite
die **Plom|be** (Zahnfüllung), die Plomben; plombieren
plötz|lich
plump
plump|sen; der Plumpsack
der **Plun|der** (altes Zeug)
der **Plu|ral** (Mehrzahl)
plus (und); der Pluspunkt

po|chen; das Herz pocht
die **Po|cke**, die Pocken; die Pockenschutzimpfung
die **Po|e|sie** (Dichtung); das Poesiealbum
der **Po|kal**, die Pokale
der **Pol**, die Pole; der Nordpol
Po|len; der Pole, die Polen, die Polin; polnisch
po|lie|ren (blank reiben); die Politur
die **Po|li|tik**; der Politiker; die Politikerin; politisch
der **Po|li|zist**, die Polizisten; die Polizistin; die Polizei; die Polizeiwache; polizeilich
der **Pol|len** (Blütenstaub), die Pollen
das **Pols|ter**, die Polster; polstern
pol|tern; der Polterabend
die **Pom|mes** [Pommes frites]
das **Po|ny**, die Ponys
das **Pop|corn**
die **Pop|mu|sik**; der Popstar
der **Po|po** [Po], die Popos
po|pu|lär (beliebt)
die **Po|re**, die Poren; porös
der **Por|ti|er** (Pförtner), die Portiers
die **Por|ti|on**, die Portionen
das **Port|mo|nee** (Geldtasche), die Portmonees

A B C D E F G H I J K L M N O P Qu R S T U V W X Y Z

das **Por|to** (Postgebühr)
das **Por|trät [Port|rät]**, die Porträts
Por|tu|gal; der Portugiese, die Portugiesen, die Portugiesin; portugiesisch
das **Por|zel|lan**
po|si|tiv (bejahend, erfreulich)
die **Post**; das Postamt; die Postleitzahl
das [der] **Pos|ter**, die Poster [Posters]
Pots|dam
die **Pracht**; prächtig; prachtvoll
das **Prä|di|kat**, die Prädikate
Prag (Hauptstadt der Tschechischen Republik)
prä|gen, er prägt
prah|len, sie prahlt
prak|tisch
die **Pra|li|ne**, die Pralinen
prall (voll, kräftig); prallen
die **Prä|mie**, die Prämien
die **Pran|ke**, die Pranken
die **Prä|po|si|ti|on** (Verhältniswort)
die **Prä|rie** (Grassteppe), die Prärien
das **Prä|sens** (grammatisch: Gegenwart)
der **Prä|si|dent**, die Präsidenten; die Präsidentin; der Bundespräsident
pras|seln; der Regen prasselt
das **Prä|te|ri|tum [Prä|ter|i|tum]** (grammatisch: Vergangenheit)

die **Pra|xis**, die Praxen; die Arztpraxis
prä|zis [präzise] (genau)
die **Pre|digt**; predigen
der **Preis**, die Preise; preiswert
die **Prei|sel|bee|re**, die Preiselbeeren
die **Prel|lung**, die Prellungen; prellen
die **Pre|mi|e|re** (Erstaufführung), die Premieren
Press|burg (Hauptstadt der Slowakei)
die **Pres|se**; pressen
pri|ckeln; prickelnd
der **Pries|ter**, die Priester
pri|ma (besonders gut)
die **Pri|mel**, die Primeln
pri|mi|tiv (einfach)
der **Prinz**, die Prinzen; die Prinzessin

das **Prin|zip** (Grundsatz), die Prinzipien
pri|vat; das Privatleben
pro (für; je); pro Stück
die **Pro|be**, die Proben; probieren
das **Prob|lem [Pro|blem]**, die Probleme; problematisch
das **Pro|dukt** (Erzeugnis), die Produkte; die Produktion; produzieren
der **Pro|fes|sor**, die Professoren; die Professorin

das **Pro|fil**, die Profile
das **Pro|gramm**, die Programme; programmieren
das **Pro|jekt** (Vorhaben), die Projekte
der **Pro|jek|tor**, die Projektoren
prompt (sofort)
das **Pro|no|men** (Fürwort), die Pronomen
der **Pro|pel|ler**, die Propeller
der **Pro|phet**, die Propheten; prophezeien (voraussagen)
das **Pro|sit**; prosit [prost] Neujahr!
der **Pro|spekt [Pros|pekt]**, die Prospekte
der **Pro|test**, die Proteste; protestieren
der **Pro|tes|tant**, die Protestanten; protestantisch
das **Pro|to|koll**; die Protokolle
der **Pro|vi|ant** (Verpflegung)
das **Pro|zent** [%], die Prozente
der **Pro|zess**, die Prozesse
die **Pro|zes|si|on**, die Prozessionen
die **Prü|fung**, die Prüfungen; prüfen; der Prüfling
prü|geln; die Prügel (Mehrzahl)
die **Pu|ber|tät**
das **Pub|li|kum [Pu|bli|kum]**
der **Pud|ding**, die Puddinge [Puddings]
der **Pu|del**, die Pudel; pudelnass

der [das] **Pu|der**, die Puder; pudern
der **Puf|fer**, die Puffer
der **Pul|li**, die Pullis
der **Pul|lo|ver [Pull|o|ver]**, die Pullover
der **Puls**, die Pulse, die Pulsader
das **Pult**, die Pulte
das **Pul|ver**, die Pulver; der Pulverschnee
pum|me|lig [pummlig]
die **Pum|pe**, die Pumpen; pumpen
der **Punkt**, die Punkte
pünkt|lich
die **Pu|pil|le**, die Pupillen
die **Pup|pe**, die Puppen
pur (rein, unvermischt)
das **Pü|ree** (Brei), die Pürees
pur|zeln; der Purzelbaum
pus|ten, sie pustet; die Puste
die **Pu|te**, die Puten
put|zen, er putzt; putzig
das **Puz|zle [Puzz|le]** (Legespiel), die Puzzles; puzzeln, sie puzzelt
der **Py|ja|ma**, die Pyjamas
die **Py|ra|mi|de**, die Pyramiden

das **Qua|drat [Quad|rat]**, die Quadrate; quadratisch
qua|ken; der Frosch quakt
quä|len; er quält; die Qual, die Qualen; qualvoll
die **Qua|li|fi|ka|ti|on**; qualifizieren
die **Qua|li|tät**, die Qualitäten
die **Qual|le**, die Quallen
der **Qualm**; qualmen
der **Quark**; die Quarkspeise
das **Quar|tal** (Vierteljahr), die Quartale
das **Quar|tett**, die Quartette
das **Quar|tier**, die Quartiere
der **Quarz**, die Quarze; die Quarzuhr
quas|seln, er quasselt
der **Quatsch**; quatschen
das **Queck|sil|ber** (im Thermometer)
die **Quel|le**, die Quellen; quellen, es quillt, es quoll, es ist gequollen
quen|geln, sie quengelt
quer; querfeldein; die Quere

quet|schen; die Quetschung
quie|ken; das Schwein quiekt
quiet|schen; die Tür quietscht
der **Quirl**, die Quirle; quirlen
die **Quit|tung**, die Quittungen; quittieren; quitt; wir sind quitt
das **Quiz**, die Quiz; der Quizmaster
die **Quo|te**, die Quoten

Ra

der **Ra|batt** (Preisnachlass)
der **Ra|bau|ke**, die Rabauken
der **Rab|bi|ner** (jüdischer Geistlicher), die Rabbiner
der **Ra|be**, die Raben
ra|bi|at (grob, gewalttätig)
die **Ra|che**; rächen; rachsüchtig
der **Ra|chen**, die Rachen
das **Rad**, die Räder; der Radfahrer; die Radfahrerin; Rad fahren, sie fährt Rad; Rad schlagen
das [der] **Ra|dar**; das Radargerät
der **Ra|dau** (Lärm)
ra|die|ren; der Radiergummi, die Radiergummis
das **Ra|dies|chen**, die Radieschen
ra|di|kal (gründlich; rücksichtslos)
das **Ra|dio**, die Radios
die **Ra|dio|ak|ti|vi|tät**; radioaktiv
der **Ra|di|us** (Halbmesser des Kreises), die Radien
raf|fen; die Raffgier; raffgierig
raf|fi|niert (schlau)
der **Rahm** (Sahne)
der **Rah|men**, die Rahmen; rahmen; einrahmen
sich **rä|keln** [rekeln], sie räkelt sich
die **Ra|ke|te**, die Raketen
die **Ral|lye**, die Rallyes; die Stadtrallye
der **Ra|ma|dan** (islamischer Fastenmonat)
ram|men (anstoßen); sie rammte ein Auto
die **Ram|pe**, die Rampen
der **Ramsch** (alte Ware)
der **Rand**, die Ränder
ran|da|lie|ren (lärmen)
der **Rang**, die Ränge
sich **ran|geln**; die Rangelei
ran|gie|ren; die Rangierlok
rank (schlank)
die **Ran|ke**, die Ranken; ranken
er **rann|te** → rennen
der **Ran|zen**, die Ranzen
ran|zig; ranzige Butter
ra|pid [rapide] (sehr schnell)
der **Rap|pe** (schwarzes Pferd), die Rappen
der **Raps** (Ölpflanze)
rar (selten); die Rarität
ra|sant (sehr schnell)

A B C D E F G H I J K L M N O P Qu R S T U V W X Y Z

rasch, rascher, am raschesten
ra|scheln; es raschelt im Stroh
ra|sen, sie rast; rasend
der **Ra|sen**; der Rasenmäher
ra|sie|ren; der Rasierapparat
die **Ras|pel** (Werkzeug), die Raspeln; raspeln
die **Ras|pel** (kleine Stücke); die Schokoladenraspel
die **Ras|se**, die Rassen
ras|seln; die Rassel
ras|ten; die Rast; die Raststätte
die **Ra|te** (Teilzahlung), die Raten
ra|ten, sie rät, ich riet, ich habe geraten; erraten; beraten; ratlos; der Rat; das Rathaus
die **Ra|ti|on** (Anteil), die Rationen
das **Rät|sel**, die Rätsel; rätseln
die **Rat|te**, die Ratten
rat|tern; der Motor rattert
rau, rauer, am rauesten [rausten]; der Raureif
rau|ben; der Raub; der Räuber; das Raubtier
rau|chen; der Rauch; der Raucher; die Raucherin
räu|chern, er räuchert
rauf (herauf); raufgehen

rau|fen; die Rauferei
der **Raum**, die Räume; die Raumfahrt; das Raumschiff

räu|men (leer machen)
rau|nen (flüstern), sie raunt; das Raunen
die **Rau|pe**, die Raupen
raus (heraus); rauskommen
der **Rausch**; das Rauschgift
rau|schen, es rauscht; das Geräusch
sich **räus|pern**, er räuspert sich
die **Ra|vi|o|li** (gefüllte Nudeltaschen)
die **Raz|zia** (Polizeifahndung), die Razzien
re|a|gie|ren; sie reagiert; die Reaktion
der **Re|ak|tor** (im Atomkraftwerk), die Reaktoren
re|al (wirklich); die Realität
die **Re|al|schu|le**; der Realschüler; die Realschülerin
die **Re|be**, die Reben; der Rebstock
der **Re|chen** (Harke), die Rechen
rech|nen, sie rechnet; die Rechnung, die Rechnungen
recht; es ist mir recht; jetzt erst recht

Re

das **Recht**, die Rechte;
du hast Recht; zu Recht;
der Rechtsanwalt;
die Rechtsanwältin
das **Recht|eck**; rechteckig
sich **recht|fer|ti|gen**
rechts; rechtshändig; die rechte Hand
die **Recht|schrei|bung**
recht|zei|tig
das **Reck**, die Recke [Recks]
sich **re|cken**; er reckt sich
das **Re|cycl|ing [Re|cy|cling]**
(Wiederverwertung von Müll)
re|den; die Rede; redselig;
der Redner; die Rednerin
red|lich (ehrlich)
die **Re|form** (Neugestaltung),
die Reformen; reformieren;
die Reformation
der **Re|frain [Ref|rain]** (Kehrreim),
die Refrains
das **Re|gal**, die Regale
re|ge (flink)
die **Re|gel**, die Regeln;
regelmäßig; regelrecht; regeln
sich **re|gen**; die Regung; reglos
der **Re|gen**; regnen; regnerisch;
der Regenwald
re|gie|ren; die Regierung

der **Re|gis|seur** (Spielleiter),
die Regisseure; die Regisseurin
das **Reh**, die Rehe; das Rehkitz
rei|ben, sie reibt, ich rieb,
ich habe gerieben; die Reibung
reich, reicher, am reichsten;
der Reiche; der Reichtum;
reichhaltig; reichlich
das **Reich**; das Königreich
rei|chen (genug sein); es reicht mir
rei|chen (geben); sie reicht den Stift
reif; reifen; die Reife
der **Reif** (gefrorener Tau)
der **Reif** (Ring); der Armreif
der **Rei|fen**, die Reifen
der **Rei|gen**, die Reigen
die **Rei|he**, die Reihen; reihen
der **Reim**, die Reime; reimen
rein (herein); reingehen
rein (sauber); reinigen;
die Reinigung
der **Reis**; der Reisbrei
rei|sen, sie reist, ich reiste,
ich bin gereist; die Reise;
das Reisebüro
rei|ßen, er reißt, ich riss,
ich habe gerissen; der Riss,
die Risse; der Reißverschluss,
die Reißverschlüsse

rei|ten, sie reitet, ich ritt, ich bin [habe] geritten; der Reiter; die Reiterin
rei|zen; sie reizt ihn; gereizt; der Reiz, die Reize; reizend
sich **re|keln** [räkeln]
die **Re|kla|ma|tion**; reklamieren
die **Re|kla|me** (Werbung)
der **Re|kord**, die Rekorde
der **Re|kor|der** [Recorder], die Rekorder; der Kassettenrekorder
der **Rek|tor**, die Rektoren; die Rektorin
re|la|tiv (vergleichsweise); sie ist relativ groß
die **Re|li|gi|on**, die Religionen; religiös (fromm)
rem|peln; die Rempelei
das **Ren** [Rentier] (Hirschart), die Rens [Rene]
ren|nen, er rennt, ich rannte, ich bin gerannt; das Rennen
re|no|vie|ren; die Renovierung
die **Ren|te**, die Renten; der Rentner; die Rentnerin
re|pa|rie|ren; die Reparatur
der **Re|por|ter**, die Reporter; die Reporterin; die Reportage

das **Rep|til**, die Reptilien
die **Re|pu|blik [Re|pub|lik]**, die Republiken
die **Re|ser|ve** (Vorrat), die Reserven
re|ser|vie|ren (vorbestellen)
der **Res|pekt [Re|spekt]**; respektlos
der **Rest**, die Reste
das **Res|tau|rant [Re|stau|rant]**, die Restaurants
das **Re|sul|tat** (Ergebnis), die Resultate
ret|ten; der Retter; die Rettung
der **Ret|tich**, die Rettiche
die **Reue**; reumütig; bereuen
das **Re|vier** (Bezirk), die Reviere
der **Re|vol|ver**, die Revolver
Reyk|ja|vik (Hauptstadt von Island)
das **Re|zept**, die Rezepte
der **Rha|bar|ber**
der **Rhein** (Fluss)
das **Rhein|land**; der Rheinländer, die Rheinländer, die Rheinländerin; rheinländisch
Rhein|land-Pfalz; rheinland-pfälzisch
das **Rheu|ma**; der Rheumatismus
der **Rhyth|mus**, die Rhythmen; rhythmisch
der **Rich|ter**, die Richter; die Richterin; richten
rich|tig; die Richtigkeit

die **Rich|tung**, die Richtungen
rie|chen, er riecht, ich roch,
ich habe gerochen;
der Geruch, die Gerüche
er **rief** → rufen
die **Rie|ge** (beim Turnen), die Riegen
der **Rie|gel**, die Riegel
der **Rie|men**, die Riemen
der **Rie|se**, die Riesen;
riesig; riesengroß
rie|seln; der Schnee rieselt
Ri|ga (Hauptstadt von Lettland)
die **Ril|le**, die Rillen
das **Rind**, die Rinder
die **Rin|de**, die Rinden
der **Ring**, die Ringe; der Ringfinger
rin|gen, er ringt, ich rang,
ich habe gerungen;
der Ringer; der Ringkampf
rings; ringsum
die **Rin|ne**, die Rinnen
rin|nen, es rinnt, es rann,
es ist geronnen
das **Rinn|sal** (kleiner Bach)
die **Rip|pe**, die Rippen
das **Ri|si|ko** (Wagnis), die Risikos
[Risiken]; riskieren; riskant
sie **riss** → reißen
der **Riss**, die Risse

der **Rit|ter**, die Ritter;
ritterlich
rit|zen, sie ritzt;
geritzt;
der Ritz (Kratzer),
die Ritze
die **Rit|ze** (Spalte),
die Ritzen
der **Ri|va|le** (Gegner),
die Rivalen; die Rivalin
die **Rob|be**, die Robben
der **Ro|bo|ter**, die Roboter
ro|bust (kräftig)
rö|cheln, sie röchelt
der **Rock**, die Röcke
der **Rock**; die Rockmusik;
der Rocker; die Rockerin
ro|deln, er rodelt; die Rodelbahn
ro|den (abholzen); die Bäume roden
der **Rog|gen** (Getreide)
roh, roher, am rohesten [rohsten];
die Rohheit
das **Rohr**, die Rohre
die **Röh|re**, die Röhren
der **Roh|stoff**, die Rohstoffe
rol|len, sie rollt; die Rolle, die Rollen;
der Roller; der Rollschuh;
die Rolltreppe; die Rollerblades
der **Roll|la|den**, die Rollläden [Rollladen]

A B C D E F G H I J K L M N O P Qu R S T U V W X Y Z

der **Roll|mops**, die Rollmöpse

das **Rol|lo** (am Fenster), die Rollos

Rom (Hauptstadt von Italien); der Römer, die Römer, die Römerin; römisch

der **Ro|man**, die Romane

ro|man|tisch; die Romantik

rönt|gen; er wurde geröntgt; die Röntgenaufnahme

ro|sa; rosarot; rosig

die **Ro|se**, die Rosen; das Röslein

der **Ro|sen|kranz**, die Rosenkränze

die **Ro|si|ne**, die Rosinen

das **Ross** (Pferd), die Rosse [Rösser]

ros|ten; rostig; der Rost; das Rostschutzmittel

rös|ten; der Brotröster

rot; rötlich

das **Ro|te Kreuz**

die **Rö|teln** (Krankheit)

das **Rot|käpp|chen** (Märchenfigur)

das **Rot|kehl|chen** (Vogelart), die Rotkehlchen

die **Rou|te** (Reiseweg), die Routen

der **Row|dy** (gewalttätiger Mensch), die Rowdys

rub|beln (kräftig reiben)

die **Rü|be**, die Rüben; das Rübenkraut

der **Rü|be|zahl** (Berggeist)

der **Ruck**, die Rucke; hau ruck!; ruckartig; rucken

rü|cken; er rückt den Stuhl

der **Rü|cken**, die Rücken; das Rückgrat

die **Rück|fahrt**, die Rückfahrten; die Rückfahrkarte

die **Rück|kehr**

das **Rück|licht**, die Rücklichter

der **Ruck|sack**, die Rucksäcke

die **Rück|sicht**; rücksichtslos

der **Rück|strah|ler** (am Fahrrad)

rück|wärts; er fährt rückwärts; der Rückwärtsgang (beim Auto)

der **Rü|de** (männlicher Hund), die Rüden

das **Ru|del** (Tiergruppe), die Rudel

ru|dern; das Ruder, die Ruder; der Ruderer; das Ruderboot

ru|fen, sie ruft, ich rief, ich habe gerufen; der Ruf, die Rufe; das Rufzeichen

rü|gen; sie rügt ihn; die Rüge, die Rügen

die **Ru|he**; ruhen; ruhig

der **Ruhm**; berühmt; rühmen; er rühmt sich

rüh|ren, sie rührt; rührend; die Rührung; das Rührei

das **Ruhr|ge|biet**

die **Ru|i|ne** (verfallenes Bauwerk), die Ruinen; die Burgruine; ruinieren (kaputtmachen)

rülp|sen, er rülpst; der Rülpser

rum (herum); rumlaufen

der **Rum**; Tee mit Rum; der Rumtopf

Ru|mä|ni|en; der Rumäne, die Rumänen, die Rumänin; rumänisch

der **Rum|mel**; der Rummelplatz

ru|mo|ren (lärmen)

die **Rum|pel|kam|mer**

rum|peln; der Wagen rumpelt; der Weg ist rumpelig [rumplig]

das **Rum|pel|stilz|chen** (Märchenfigur)

der **Rumpf**, die Rümpfe

rümp|fen; sie rümpft die Nase

das **Rump|steak** (Rindfleischscheibe), die Rumpsteaks

rund; rundherum; rundum;

rund|lich; die Runde, die Runden; die Rundfahrt; der Rundgang

der **Rund|funk**; das Rundfunkprogramm

run|ter (herunter); runterkommen

run|zeln; runzelig [runzlig]; die Runzel (Falte), die Runzeln

der **Rü|pel**, die Rüpel; rüpelhaft

rup|fen; die Federn rupfen

rup|pig; die Ruppigkeit

die **Rü|sche**, die Rüschen

der **Ruß**; rußig; rußen, die Flamme rußt

der **Rüs|sel**, die Rüssel

Russ|land; der Russe, die Russen, die Russin; russisch

rüs|tig (kräftig, frisch)

die **Rüs|tung**, die Rüstungen; rüsten; rüstig

die **Ru|te**, die Ruten

rut|schen, sie rutscht; die Rutsche; rutschig

rüt|teln, ich rüttle [rüttele], er rüttelt

Sa

der **Saal**, die Säle
Saar|brü|cken
das **Saar|land**; der Saarländer; die Saarländer, die Saarländerin; saarländisch
die **Saat**, die Saaten; das Saatkorn
der **Sab|bat** (jüdischer Feiertag), die Sabbate
sab|bern; das Baby sabbert
der **Sä|bel**, die Säbel; säbeln
die **Sa|che**, die Sachen; sachlich; der Sachunterricht
Sach|sen; der Sachse, die Sachsen, die Sächsin; sächsisch
Sach|sen-An|halt; sachsen-anhaltisch
sacht [sachte] (leise, sanft)
der **Sack**, die Säcke; die Sackgasse; das Sackhüpfen
sä|en, sie sät, ich säte, ich habe gesät
die **Sa|fa|ri**, die Safaris; der Safaripark
der [das] **Safe** (Geldschrank), die Safes
der **Saft**, die Säfte; saftig, saftiger, am saftigsten
die **Sa|ge**, die Sagen; sagenhaft
die **Sä|ge**, die Sägen; sägen, er sägt; das Sägeblatt; die Sägespäne
sa|gen, er sagt
er **sah** → sehen
die **Sa|ha|ra** (Wüste)
die **Sah|ne**; sahnig
die **Sai|son**, die Saisons
die **Sai|te** (beim Musikinstrument), die Saiten
das **Sa|kra|ment [Sak|ra|ment]** (in der katholischen Kirche), die Sakramente
die **Sa|kris|tei [Sak|ris|tei]** (kleiner Kirchenraum)
der **Sa|la|man|der**, die Salamander
die **Sa|la|mi**, die Salami [Salamis]
der **Sa|lat**, die Salate
die **Sal|be**, die Salben
der **Sal|to**, die Saltos [Salti]
das **Salz**, die Salze; salzen; salzig
der **Sa|men** [Same], die Samen
sam|meln, sie sammelt; der Sammler; die Sammlerin; die Sammlung
der **Sams|tag** (Sonnabend); am Samstag; samstags

der **Samt**; das Samtkleid
samt (mit); sämtlich
das **Sa|na|to|ri|um** (Heilanstalt)
der **Sand**; der Sandkasten; sandig
die **San|da|le**; ein Paar Sandalen
das **Sand|wich** (belegte Weißbrotschnitte), die Sandwiches
sanft; sanftmütig
die **Sänf|te** (Tragestuhl), die Sänften
sie **sang** → singen
der **Sän|ger**, die Sänger; die Sängerin
der **Sa|ni|tä|ter**, die Sanitäter; die Sanitäterin
Sankt [St.]; Sankt Nikolaus
Sa|ra|je|wo (Hauptstadt von Bosnien-Herzegowina)
die **Sar|di|ne**, die Sardinen
der **Sarg**, die Särge
er **saß** → sitzen
der **Sa|tan** (Teufel)
der **Sa|tel|lit**, die Satelliten

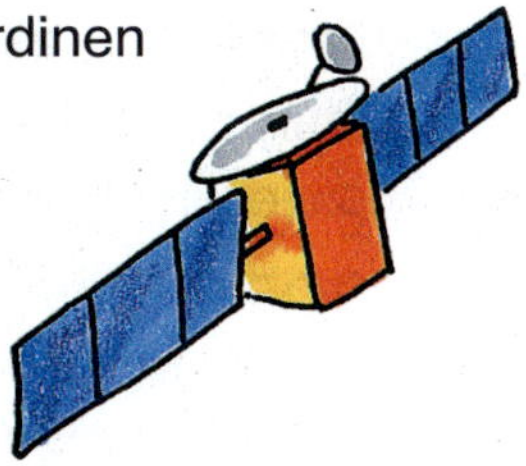

satt; sich satt essen; etwas satt bekommen
der **Sat|tel**, die Sättel; satteln; der Sattelschlepper
der **Satz**, die Sätze; das Satzglied; der Satzgegenstand; die Satzaussage; der Satzkern

die **Sau**, die Säue [Sauen]
sau|ber, sauberer, am saubersten; die Sauberkeit; sauber machen
die **Sau|ce** [Soße], die Saucen
sau|er, saurer, am sauersten; säuerlich; die Säure; das Sauerkraut
der **Sau|er|stoff**; die Sauerstoffflasche
sau|fen, er säuft, ich soff, ich habe gesoffen; der Säufer; die Säuferin
sau|gen, sie saugt, sie sog [saugte], sie hat gesogen [gesaugt]; der Sauger
säu|gen, sie säugt ihre Jungen, sie säugte, sie hat gesäugt; das Säugetier; der Säugling
die **Säu|le**, die Säulen
der **Saum**, die Säume; säumen
die **Sau|na**, die Saunas [Saunen]
die **Säu|re**, die Säuren
der **Sau|ri|er**, die Saurier
sau|sen, du saust, ich sauste, ich bin gesaust
das **Sa|xo|fon** [Saxophon] (Musikinstrument), die Saxofone
die **S-Bahn** (Schnellbahn), die S-Bahnen
scha|ben, er schabt
der **Scha|ber|nack** (Streich)
schä|big

A B C D E F G H I J K L M N O P Qu R S T U V W X Y Z

A B C D E F G H I J K L M N O P Qu R S T U V W X Y Z

die **Scha|blo|ne [Schab|lo|ne]**, die Schablonen

das **Schach**; die Schachfigur; schachmatt

der **Schacht**, die Schächte

die **Schach|tel**, die Schachteln

scha|de; es ist schade

der **Schä|del**, die Schädel

der **Scha|den**, die Schäden; der Schädling; schädlich; schaden; schadenfroh

das **Schaf**, die Schafe; der Schäfer; die Schäferin; der Schäferhund

schaf|fen; sie schafft es, ich schaffe es, ich habe es geschafft

der **Schaff|ner**, die Schaffner; die Schaffnerin

der **Schal**, die Schals

die **Scha|le**, die Schalen; schälen, er schält

der **Schall**; die Schallplatte; schallen

schal|ten, sie schaltet; der Schalter, die Schalter

das **Schalt|jahr**

sich **schä|men**; beschämen; die Scham; schamlos

die **Schan|de**; schändlich

die **Schan|ze**, die Schanzen; die Sprungschanze

die **Schar**, die Scharen; scharenweise

scharf, schärfer, am schärfsten; schärfen; die Schärfe

der **Schar|lach** (Krankheit)

das **Schar|nier** (Drehgelenk an Türen), die Scharniere

schar|ren; das Huhn scharrt

das [der] **Schasch|lik**

der **Schat|ten**, die Schatten; schattig

der **Schatz**, die Schätze; die Schatztruhe

schät|zen, er schätzt

schau|der|haft; der Schauder

schau|en, sie schaut; die Schau [Show]; das Schaufenster

der **Schau|er** (Regen), die Schauer

der **Schau|er** (Schreck), die Schauer; schauerlich; schaurig; die Schauergeschichte

die **Schau|fel**, die Schaufeln; schaufeln, er schaufelt

die **Schau|kel**, die Schaukeln; das Schaukelpferd; schaukeln, er schaukelt

der **Schaum**, die Schäume; schäumen

der **Schau|spie|ler**, die Schauspieler; die Schauspielerin; das Schauspiel

der **Scheck**, die Schecks; die Scheckkarte

sche|ckig (gefleckt)

die **Schei|be**, die Scheiben;
die Glasscheibe; die Brotscheibe

der **Scheich**, die Scheiche [Scheichs]

die **Schei|de**, die Scheiden

schei|den, er scheidet,
ich schied, ich bin geschieden;
die Scheidung

der **Schein**, die Scheine;
der Geldschein;
der Sonnenschein

schei|nen;
die Sonne scheint;
sie schien, sie hat geschienen;
scheinbar

der **Schei|tel**, die Scheitel

schei|tern, sie scheitert,
ich scheiterte, ich bin gescheitert

die **Schel|le** (Glocke), die Schellen;
schellen

der **Schelm**, die Schelme; schelmisch

schel|ten, er schilt, ich schalt,
ich habe gescholten; die Schelte

der **Schen|kel**, die Schenkel

schen|ken; das Geschenk

schep|pern (klappern)

die **Scher|be**, die Scherben;
der Scherbenhaufen

die **Sche|re**, die Scheren

die **Sche|re|rei** (Unannehmlichkeit),
die Scherereien

der **Scherz**, die Scherze; scherzen,
sie scherzt; scherzhaft

scheu, scheuer, am scheuesten;
die Scheu; ohne Scheu

scheu|chen; die Vogelscheuche

scheu|en; das Pferd scheut

scheu|ern, er scheuert

die **Scheu|ne**, die Scheunen

das **Scheu|sal**, die Scheusale

scheuß|lich

der **Schi** [Ski], die Schier;
Schi laufen; ich laufe Schi

die **Schicht**, die Schichten

schick; ein schickes Tuch

schi|cken; sie schickt eine Karte

das **Schick|sal**, die Schicksale

schie|ben, er schiebt, ich schob,
ich habe geschoben

der **Schieds|rich|ter**, die Schiedsrichter;
die Schiedsrichterin

schief, schiefer, am schiefsten

der **Schie|fer**; das Schieferdach

schie|len, er schielt

das **Schien|bein**, die Schienbeine

die **Schie|ne**, die Schienen

schie|ßen, sie schießt, ich schoss,
ich habe geschossen; der Schuss

das **Schiff**, die Schiffe; die Schifffahrt; der Binnenschiffer

die **Schi|ka|ne** (Bosheit), die Schikanen; schikanieren

das **Schild**, die Schilder

der **Schild** (des Ritters), die Schilde

schil|dern; die Schilderung

die **Schild|krö|te**, die Schildkröten

das **Schilf** (Grasart am Wasser); das Schilfrohr

schil|lern, es schillert

der **Schim|mel** (weißes Pferd), die Schimmel

der **Schim|mel** (Pilz); schimmeln; schimmelig [schimmlig]

schim|mern; der Schimmer

der **Schim|pan|se**, die Schimpansen

schimp|fen, er schimpft; das Schimpfwort

der **Schin|ken**, die Schinken

die **Schip|pe**, die Schippen; schippen, er schippt Schnee

der **Schirm**, die Schirme; der Sonnenschirm; der Bildschirm

die **Schlacht**, die Schlachten

schlach|ten; der Schlachter (Metzger); die Schlachterei

die **Schlä|fe**, die Schläfen

schla|fen, er schläft, ich schlief, ich habe geschlafen; der Schlaf; schläfrig

schlaff

schla|gen, er schlägt, ich schlug, ich habe geschlagen; der Schlag, die Schläge; die Schlägerei; die Schlagsahne

der **Schla|ger**, die Schlager; der Schlagersänger; die Schlagersängerin

der **Schlamm**; schlammig

schlam|pig; die Schlamperei

die **Schlan|ge**, die Schlangen; Schlange stehen; sich schlängeln

schlank, schlanker, am schlanksten

schlapp; schlappmachen; die Schlappe (Niederlage)

das **Schla|raf|fen|land**

schlau, schlauer, am schlausten [schlauesten]; der Schlauberger

der **Schlauch**, die Schläuche

die **Schlau|fe**, die Schlaufen

schlecht, schlechter, am schlechtesten

schle|cken; die Schleckerei

schlei|chen, sie schleicht, ich schlich, ich bin geschlichen

der **Schlei|er**, die Schleier

schlei|er|haft (rätselhaft)
die **Schlei|fe**, die Schleifen
schlei|fen, er schleift, ich schliff, ich habe geschliffen; der Schliff
der **Schleim**; schleimig
schlem|men, sie schlemmt
schlen|dern, er schlendert
schlen|kern, sie schlenkert
schlep|pen, er schleppt; der Schlepper; im Schlepp
Schles|wig-Hol|stein; schleswig-holsteinisch
schleu|dern, sie schleudert; die Schleuder, die Schleudern
schleu|nig (schnell); schleunigst
die **Schleu|se**, die Schleusen
schlicht
schlich|ten; den Streit schlichten
der **Schlick** (Schlamm)
schlie|ßen, du schließt, ich schloss, ich habe geschlossen; das Schließfach
schließ|lich
schlimm, schlimmer, am schlimmsten
die **Schlin|ge**, die Schlingen
der **Schlin|gel**, die Schlingel
schlin|gen, er schlingt, ich schlang, ich habe geschlungen

der **Schlips**, die Schlipse
der **Schlit|ten**, die Schlitten; Schlitten fahren
schlit|tern, sie schlittert
der **Schlitt|schuh**, die Schlittschuhe
der **Schlitz**, die Schlitze
das **Schloss**, die Schlösser
der **Schlos|ser**, die Schlosser; die Schlosserin; die Schlosserei
der **Schlot** (Schornstein), die Schlote
schlot|tern, er schlottert
die **Schlucht**, die Schluchten
schluch|zen, sie schluchzt; das Schluchzen
schlu|cken, er schluckt; der Schluck; der Schluckauf; die Schluckimpfung
schlu|dern, sie schludert; schluderig [schludrig]
schlum|mern; der Schlummer
schlüp|fen, er schlüpft; der Schlüpfer
schlur|fen; er schlurft über den Flur
schlür|fen; sie schlürft Milch
der **Schluss**, die Schlüsse; der Kurzschluss
der **Schlüs|sel**, die Schlüssel; das Schlüsselloch

schmäch|tig, schmächtiger, am schmächtigsten
schmack|haft

schmal, schmaler [schmäler], am schmalsten [schmälsten]

das **Schmalz**; schmalzig

schma|rot|zen (auf Kosten anderer leben); der Schmarotzer

schmat|zen, er schmatzt

schmau|sen (gut essen), sie schmaust; der Schmaus

schme|cken, es schmeckt

schmei|cheln; schmeichelhaft

schmei|ßen, sie schmeißt, ich schmiss, ich habe geschmissen

schmel|zen; das Eis schmilzt; es schmolz, es ist geschmolzen

der **Schmerz**, die Schmerzen; die Schmerztabletten; schmerzen; schmerzhaft; schmerzlich

der **Schmet|ter|ling**, die Schmetterlinge

schmet|tern, er schmettert; der Schmetterball

der **Schmied**, die Schmiede; die Schmiede; schmieden

schmie|ren, sie schmiert; der Schmierfink; schmierig

schmin|ken; sie schminkt sich; die Schminke

schmir|geln, er schmirgelt; das Schmirgelpapier

schmö|kern, sie schmökert

schmol|len, er schmollt

schmo|ren; der Schmorbraten

schmü|cken, sie schmückt; der Schmuck

schmug|geln, du schmuggelst; der Schmuggler; der Schmuggel

schmun|zeln, sie schmunzelt

schmu|sen, er schmust

schmut|zig, schmutziger, am schmutzigsten; der Schmutz; der Schmutzfink

der **Schna|bel**, die Schnäbel

die **Schna|ke** (Stechmücke), die Schnaken

die **Schnal|le**, die Schnallen; schnallen, er schnallt

schnal|zen, sie schnalzt

schnap|pen, er schnappt

der **Schnaps**, die Schnäpse

schnar|chen, sie schnarcht

schnat|tern; die Gans schnattert

schnau|ben, er schnaubt

schnau|fen, sie schnauft

die **Schnau|ze**, die Schnauzen; schnauzen (schimpfen)

sich **schnäu|zen**, er schnäuzt sich

die **Schne|cke**, die Schnecken

der **Schnee**; der Schneeball; schneeweiß
das **Schnee|glöck|chen**, die Schneeglöckchen
schnei|den, sie schneidet, ich schnitt, ich habe geschnitten
der **Schnei|der**, die Schneider; die Schneiderin; schneidern
schnei|en, es schneit, es schneite, es hat geschneit
die **Schnei|se**, die Schneisen
schnell, schneller, am schnellsten; der Schnellzug
schnip|pisch (frech)
der [das] **Schnip|sel**, die Schnipsel
der **Schnitt**, die Schnitte; die Schnittwunde; der Haarschnitt
die **Schnit|te** (Brot), die Schnitten
der **Schnitt|lauch**
das **Schnit|zel**, die Schnitzel; das Wiener Schnitzel
schnit|zen, er schnitzt
der **Schnor|chel**, die Schnorchel
der **Schnör|kel**, die Schnörkel
schnüf|feln, er schnüffelt
der **Schnul|ler**, die Schnuller
der **Schnup|fen**
schnup|pern, er schnuppert
die **Schnur**, die Schnüre; schnüren; die Schnürsenkel
der **Schnurr|bart**, die Schnurrbärte
schnur|ren; die Katze schnurrt
der **Schock**; schocken; schockieren
die **Scho|ko|la|de**
die **Schol|le** (Fisch), die Schollen; das Schollenfilet
schon; er ist schon da
schön, schöner, am schönsten; etwas Schönes; die Schönheit; das Schönschreiben
scho|nen; sie schont ihn; die Schonkost; die Schonung
der **Schopf**, die Schöpfe
schöp|fen, er schöpft; der Schöpfer; die Schöpfung
der **Schorf** (Kruste auf einer Wunde)
der **Schorn|stein**, die Schornsteine; der Schornsteinfeger
der **Schoß**, die Schöße
die **Scho|te** (Fruchthülse), die Schoten
der **Schot|ter** (zerkleinerte Steine); die Schotterstraße
schräg, schräger, am schrägsten; die Schräge
die **Schram|me**, die Schrammen
der **Schrank**, die Schränke
die **Schran|ke**, die Schranken
die **Schrau|be**, die Schrauben; der Schraubendreher; schrauben

schreck|lich; schreckhaft; der Schreck [Schrecken]; erschrecken
schrei|ben, er schreibt, ich schrieb, ich habe geschrieben; die Schreibmaschine
schrei|en, sie schreit, ich schrie, ich habe geschrien [geschrieen]; der Schrei, die Schreie
der **Schrei|ner** (Tischler), die Schreiner; die Schreinerin
schrei|ten, er schreitet, ich schritt, ich bin geschritten
die **Schrift**, die Schriften; der Schriftsteller; die Schriftstellerin; schriftlich
schrill; ein schriller Ton
der **Schritt**, die Schritte; das Schritttempo; schrittweise
schroff (barsch; steil)
der [das] **Schrot**; das Schrotbrot; die Schrotflinte; schroten
der **Schrott**; der Schrottplatz
schrub|ben, er schrubbt; der Schrubber
schrump|fen
die **Schub|kar|re** [der Schubkarren], die Schubkarren
die **Schub|la|de**, die Schubladen

schub|sen [schupsen], sie schubst
schüch|tern; die Schüchternheit
der **Schuft** (Schurke), die Schufte
schuf|ten (hart arbeiten), er schuftet
der **Schuh**, die Schuhe; ein Paar Schuhe
die **Schuld**; der Schuldige; es ist meine Schuld; ich bin schuld; schuldig; schuldbewusst; schuldlos
die **Schuld**, die Schulden; ich habe Schulden
die **Schu|le**, die Schulen; schulfrei; die Schularbeiten; das Schuljahr
der **Schü|ler**, die Schüler; die Schülerin, die Schülerinnen
die **Schul|ter**, die Schultern; das Schulterblatt; schultern
schum|meln, sie schummelt
der **Schund** (Wertloses)
die **Schup|pe**, die Schuppen
der **Schup|pen**, die Schuppen
schup|sen [schubsen], er schupst; der Schups; die Schupserei
die **Schürf|wun|de**
der **Schur|ke**, die Schurken
die **Schür|ze**, die Schürzen
der **Schuss**, die Schüsse
die **Schüs|sel**, die Schüsseln
schus|se|lig [schusslig]
der **Schus|ter**, die Schuster

der **Schutt**; der Schutthaufen

der **Schüt|tel|frost**

schüt|teln, er schüttelt

schüt|ten, sie schüttet

der **Schutz**; der Umweltschutz; die Schutzimpfung; schutzlos

der **Schüt|ze**, die Schützen; das Schützenfest

schüt|zen; sie schützt ihn

Schwa|ben; der Schwabe, die Schwaben, die Schwäbin; schwäbisch

schwach, schwächer, am schwächsten; schwächlich; die Schwäche, die Schwächen

der **Schwa|ger**, die Schwäger; die Schwägerin

die **Schwal|be**, die Schwalben

der **Schwamm**, die Schwämme; schwammig

der **Schwan**, die Schwäne

die **Schwan|ger|schaft**, die Schwangerschaften; schwanger

schwan|ken, er schwankt

der **Schwanz**, die Schwänze

schwän|zen, sie schwänzt; ich schwänzte die Schule

der **Schwarm**, die Schwärme; schwärmen, er schwärmt

die **Schwar|te**, die Schwarten; die Speckschwarte

schwarz; schwarzfahren; der Schwarzwald

schwat|zen [schwätzen], er schwatzt [schwätzt]; der Schwätzer; die Schwätzerin

schwe|ben, sie schwebt

Schwe|den; der Schwede, die Schweden, die Schwedin; schwedisch

der **Schwe|fel**; schwefelgelb

schwei|gen, er schweigt, ich schwieg, ich habe geschwiegen; das Schweigen; schweigsam

das **Schwein**, die Schweine

der **Schweiß**; der Schweißtropfen

schwei|ßen, er schweißt; der Schweißer

die **Schweiz**; der Schweizer, die Schweizer, die Schweizerin; schweizerisch

schwe|len; der Schwelbrand

die **Schwel|le**, die Schwellen

schwel|len; der Fuß schwillt; er schwoll, er ist geschwollen; die Schwellung

schwen|ken, sie schwenkt
schwer; schwerfällig; schwerhörig; es schwer haben
Schwe|rin
das **Schwert**, die Schwerter
die **Schwes|ter**, die Schwestern
die **Schwie|ger|el|tern**; die Schwiegermutter; der Schwiegervater
die **Schwie|le**, die Schwielen
schwie|rig; die Schwierigkeit
schwim|men, er schwimmt, ich schwamm, ich bin geschwommen; der Schwimmer; die Schwimmerin; rückenschwimmen

schwin|deln (lügen), sie schwindelt; der Schwindler; die Schwindlerin
schwind|lig [schwindelig]; mir schwindelt; schwindelfrei
schwin|gen, er schwingt, ich schwang, ich habe geschwungen
schwir|ren; die Vögel schwirren
schwit|zen, er schwitzt
schwö|ren, sie schwört, ich schwor, ich habe geschworen
schwül; die Schwüle

der **Schwung**, die Schwünge; schwungvoll; das Schwungrad
der **Schwur**, die Schwüre
sechs; sechzehn; sechzig; ein Sechstel; die Sechs; der Sechser
der **See** (Binnensee), die Seen
die **See** (Meer); die Nordsee; der Seemann; die Seeleute; die Seefahrt; seekrank
die **See|le**, die Seelen; seelenruhig
das **Se|gel**, die Segel; das Segelboot; das Segelflugzeug; segeln
seg|nen; der Segen
se|hen, er sieht, ich sah, ich habe gesehen; sieh!, seht!; sehenswert; sehenswürdig
die **Seh|ne**, die Sehnen
sich **seh|nen**, er sehnt sich; die Sehnsucht; sehnsüchtig
sehr; sehr gut; sehr viel
seicht (flach)
seid → sein; seid ruhig!
die **Sei|de**; das Seidenpapier
die **Sei|fe**, die Seifen
das **Seil**, die Seile; die Seilbahn
sein; sein Buch; seine; seiner
sein (lieb sein), ich bin, du bist, er ist, wir sind, ihr seid, sie sind; sei still!; ich war, du warst

seit; seit gestern; seitdem
die **Sei|te**, die Seiten; seitlich; seitwärts; seitenlang
der **Sek|re|tär [Se|kre|tär]**, die Sekretäre; die Sekretärin; das Sekretariat
der **Sekt**; die Sektflasche
die **Sek|te** (religiöse Gemeinschaft), die Sekten
die **Se|kun|de** [Sek.], die Sekunden; der Sekundenzeiger; sekundenlang
sel|ber [selbst]; selber machen; selbst gemacht; selbstbewusst; das Selbstbewusstsein; selbstständig; selbstverständlich
der **Selbst|laut** (Vokal), die Selbstlaute
se|lig; die Seligkeit
der [die] **Sel|le|rie**
sel|ten; die Seltenheit; seltsam
das **Se|mi|ko|lon** (Strichpunkt), die Semikolons
die **Sem|mel**, die Semmeln

der **Se|nat** (Regierungsbehörde), die Senate; der Senator, die Senatoren; die Senatorin
sen|den; er sendet den Brief; ich sandte [ich sendete], ich habe gesandt [ich habe gesendet]; der Sender; die Sendung
der **Senf**; die Senfgurke
der **Se|ni|or** (älterer Mensch), die Senioren
sen|ken; sie senkt den Kopf
senk|recht; die Senkrechte
die **Sen|sa|ti|on**, die Sensationen; sensationell
die **Sen|se**, die Sensen
sen|si|bel (feinfühlig)
se|pa|rat (gesondert)
der **Sep|tem|ber**
die **Se|rie** (Reihe), die Serien
se|ri|ös (anständig)
die **Ser|pen|ti|ne** (scharfe Kurve am Berg), die Serpentinen
das **Ser|vice** (Geschirr)
der **Ser|vice** (Kundendienst)
ser|vie|ren, er serviert
die **Ser|vi|et|te**, die Servietten
der **Ses|sel**, die Sessel
das [der] **Set** (Zusammengehöriges), die Sets; das Tischset
sich **set|zen**, sie setzt sich; der Setzling; besetzt
die **Seu|che**, die Seuchen
seuf|zen, er seufzt; der Seufzer
der **Se|xu|al|un|ter|richt**; der Sex; sexy
das **Sham|poo**, die Shampoos
der **She|riff**, die Sheriffs

A B C D E F G H I J K L M N O P Qu R S T U V W X Y Z

der **Shop** (Geschäft), die Shops
die **Shorts** (kurze Hose)
die **Show** (Schau), die Shows; der Showmaster
sich; er freut sich
si|cher, sicherer, am sichersten; sicherlich; sichern; die Sicherheit; die Sicherung; die Sicherheitsnadel
die **Sicht**; sichtbar
si|ckern; versickern
sie; sie geht; sie gehen
das **Sieb**, die Siebe; Mehl sieben
sie|ben; siebzehn; siebzig; siebtens
sie|den; der Siedepunkt
die **Sied|lung**; siedeln; der Aussiedler; die Aussiedlerin
das **Sie|gel**, die Siegel; versiegeln; der Siegellack
sie|gen, er siegt; siegreich; der Sieg; der Sieger; die Siegerin; die Siegerehrung
er **sieht** → sehen
das **Sig|nal [Si|gnal]**, die Signale
die **Sil|be**, die Silben; das Silbenrätsel
das **Sil|ber**; silbern; silbrig
der [das] **Si|lo** (Großspeicher], die Silos
der [das] **Sil|ves|ter**
sim|pel (einfach)
sind → sein; wir sind da

sin|gen; er singt ein Lied, ich sang, ich habe gesungen

der **Sin|gle [Sing|le]** (allein lebender Mensch), die Singles
der **Sin|gu|lar** (Einzahl)
sin|ken, er sinkt, ich sank, ich bin gesunken; versunken
der **Sinn**, die Sinne; sinnlos
die **Sint|flut**
die **Sip|pe**, die Sippen
die **Si|re|ne**, die Sirenen
der **Si|rup**
die **Sit|te**, die Sitten; sittsam
die **Si|tu|a|ti|on**, die Situationen
sit|zen, sie sitzt, ich saß, ich habe gesessen; der Sitz, die Sitze; die Sitzung; der Sitzplatz; in der Schule sitzenbleiben
die **Ska|la** (Maßeinteilung), die Skalen
der **Skan|dal**, die Skandale
Skan|di|na|vi|en; der Skandinavier, die Skandinavier, die Skandinavierin; skandinavisch
der **Skat** (Kartenspiel)
das **Skate|board**, die Skateboards
das **Ske|lett**, die Skelette

der **Sketsch** [Sketch], die Sketsche
der **Ski** [Schi], die Skier; Ski laufen
die **Skiz|ze**, die Skizzen; skizzieren
der **Skla|ve**, die Sklaven
Skop|je (Hauptstadt von Makedonien)
der **Sla|lom**, die Slaloms
der **Slip**, die Slips
Slo|wa|kei; der Slowake; slowakisch
Slo|we|ni|en; der Slowene; slowenisch
der **Smog** (Dunstglocke); der Smogalarm
die **SMS** (kurze Nachricht beim Handy); die SMS-Nachricht
das **Snow|board**, die Snowboards; snowboarden
so; so viele; sodass [so dass]
so|bald
die **So|cke** [der Socken], die Socken; das Söckchen

der **So|ckel**, die Sockel
das **Sod|bren|nen**
so|eben; er kam soeben (vor einem Augenblick)
das **So|fa**, die Sofas
So|fia (Hauptstadt von Bulgarien)
so|fort; ich gehe sofort
das **Soft|eis**
die **Soft|ware** (Computerprogramm)
so|gar
so|gleich (sofort)
die **Soh|le**, die Sohlen
der **Sohn**, die Söhne
so|lan|ge; solange ich krank war, …; aber: du musst so lange warten, bis …
die **So|lar|ener|gie** (Sonnenenergie)
solch, solcher, solche, solches
der **Sol|dat**, die Soldaten
sol|len, du sollst, ich sollte, ich habe gesollt
das **So|lo**, die Soli [Solos]; der Solist; die Solistin; solo
der **Som|mer**, die Sommer; die Sommerferien; sommerlich
das **Son|der|an|ge|bot**, die Sonderangebote
son|der|bar
son|dern; nicht ich, sondern du
der **Song** (Lied), die Songs
der **Sonn|abend**; sonnabends; am Sonnabendmittag
die **Son|ne**, die Sonnen; sonnig; sich sonnen; die Sonnenblume
der **Sonn|tag**; am Sonntag; sonntags; sonntäglich; Sonntagabend
sonst; sonstwie; sonstwo
so|oft
sor|gen, er sorgt; die Sorge, die Sorgen; sorgfältig; sorglos

die **Sor|te**, die Sorten; sortieren
SOS (Hilferuf); der SOS-Ruf
die **So|ße** [Sauce], die Soßen
das **Sou|ve|nir** (Andenken), die Souvenirs
so|viel; soviel ich weiß, …; aber: er hat so viel Zeit, dass …
so|wie (und)
so|wohl … als auch …
so|zi|al; die Sozialhilfe
der **Spach|tel**, die Spachtel [Spachteln]; spachteln
die **Spa|get|ti** [Spaghetti]
spä|hen, er späht; der Späher
der **Spalt** [die Spalte], die Spalten; spalten
der **Span**, die Späne
die **Span|ge**, die Spangen; die Haarspange
Spa|ni|en; der Spanier, die Spanier, die Spanierin; spanisch
span|nen; du spannst die Leine
die **Span|nung**; spannend
spa|ren, sie spart; das Sparbuch; die Spardose; die Sparkasse; sparsam; spärlich (dürftig); die Sparsamkeit
der **Spar|gel**, die Spargel
der **Spaß**, die Späße; der Spaßvogel; spaßen, er spaßt; spaßig

spät, später, am spätesten; spätestens; verspätet
der **Spa|ten**, die Spaten
der **Spatz**, die Spatzen
spa|zie|ren; spazieren gehen, er geht spazieren; der Spaziergang
der **Specht**, die Spechte
der **Speck**; speckig
der **Speer**, die Speere
die **Spei|che** (Teil des Rades), die Speichen
der **Spei|chel** (Spucke)
der **Spei|cher**, die Speicher; speichern
die **Spei|se**, die Speisen; die Speisekarte [Speisenkarte]; speisen, sie speist
spen|den; die Spende; der Spender; die Spenderin; spendieren; spendabel
der **Sper|ling** (Spatz), die Sperlinge
sper|ren; du sperrst den Weg; die Sperre, die Sperren
der **Spe|zi|a|list** (Fachmann), die Spezialisten; die Spezialistin; speziell
spi|cken; der Spickzettel
der **Spie|gel**, die Spiegel; das Spiegelbild; spiegeln; spiegelglatt; spiegelbildlich

spie|len, sie spielt; gespielt;
das Spiel, die Spiele; der Spieler;
der Spielplatz; das Spielzeug

der **Spieß**, die Spieße

der **Spi|nat**

die **Spin|del**, die Spindeln

die **Spin|ne**,
die Spinnen

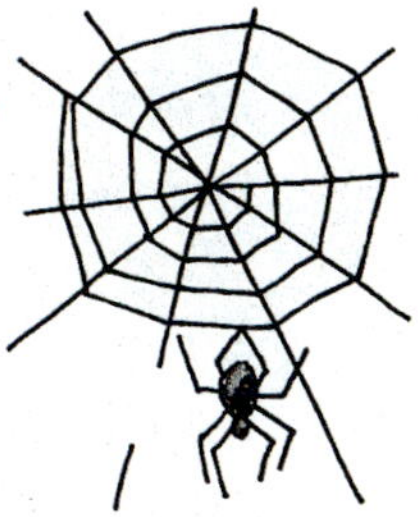

spin|nen, er spinnt,
ich spann,
ich habe gesponnen

der **Spi|on**, die Spione; spionieren

die **Spi|ra|le**, die Spiralen

spitz, spitzer, am spitzesten;
spitzen; du spitzt den Stift

die **Spit|ze**, die Spitzen; der Spitzname

der **Spit|zel**, die Spitzel

der **Splitt** (kleine Steinchen)

der **Split|ter**, die Splitter; splittern;
splitternackt

der **Spon|sor** (Geldgeber),
die Sponsoren

der **Sport**; sportlich; der Sportler;
die Sportlerin; der Sportplatz

spot|ten, sie spottet, ich spottete,
ich habe gespottet;
der Spott; spöttisch; spottbillig

die **Spra|che**, die Sprachen;
sprachlich; sprachlos

Sp

der [das] **Spray**, die Sprays;
die Spraydose; der Haarspray

spre|chen, er spricht, ich sprach,
ich habe gesprochen; sprich!;
der Sprecher; die Sprecherin;
die Sprechstunde

sprei|zen, sie spreizt die Finger

spren|gen, er sprengt;
die Sprengung; der Sprengstoff

das **Sprich|wort**, die Sprichwörter

sprie|ßen; das Gras sprießt,
es spross, es ist gesprossen

sprin|gen, sie springt, ich sprang,
ich bin gesprungen

sprin|ten (schnell laufen);
der Sprinter; die Sprinterin; der Sprint

der **Sprit** (Treibstoff)

sprit|zen, er spritzt; die Spritze;
der Spritzer

spröd [spröde]; spröde Lippen

die **Spros|se**, die Sprossen;
die Sprossenwand

der **Spruch**, die Sprüche

der **Spru|del**, die Sprudel;
sprudeln; die Quelle sprudelt

sprü|hen, sie sprüht;
die Sprühdose; der Sprühregen

der **Sprung**, die Sprünge;
sprunghaft; springen

spu|cken, er spuckt; die Spucke

spu|ken, es spukt; der Spuk

die **Spu|le**, die Spulen

spü|len, sie spült; die Spülmaschine; die Spülung

die **Spur**, die Spuren; spurlos

spü|ren, er spürt

der **Spurt** (schneller Lauf); der Endspurt; spurten

sich **spu|ten** (beeilen), er sputet sich

St. [Sankt]; St. Martin

der **Staat**, die Staaten; staatlich; der Staatsbürger; die Staatsbürgerin

der **Stab**, die Stäbe

sta|bil (haltbar)

der **Sta|chel**, die Stacheln; stachelig [stachlig]

das **Sta|di|on**, die Stadien

die **Stadt**, die Städte; städtisch; der Stadtplan

die **Staf|fel**, die Staffeln; der Staffellauf

der **Stahl**, die Stähle; stahlhart

der **Stall**, die Ställe; der Viehstall

der **Stamm**, die Stämme; das Stammbuch; stämmig

stam|meln, er stammelt

stamp|fen, sie stampft

der **Stand**, die Stände; der Ständer; der Standpunkt; standhaft; im Stande [imstande] sein

stän|dig (dauernd)

die **Stan|ge**, die Stangen

der **Stän|gel**, die Stängel

stän|kern, du stänkerst

der **Sta|pel**, die Stapel; stapeln

stap|fen, du stapfst

der **Star** (Vogel), die Stare

der **Star** (Künstler), die Stars

stark, stärker, am stärksten; die Stärke; die Stärkung; (sich) stärken; gestärkt

starr (unbeweglich); starren, er starrt

der **Start**, die Starts; starten; der Fehlstart; die Startbahn

die **Sta|ti|on**, die Stationen

das **Sta|tiv**, die Stative

statt (anstatt); stattdessen

statt|fin|den → finden

statt|lich

die **Sta|tue** (Standbild), die Statuen

der **Stau**, die Staus; sich stauen; der Staudamm; der Stausee

der **Staub**; stauben; staubig;
Staub saugen [staubsaugen],
er saugt Staub; der Staubsauger
die **Stau|de** (winterfeste Pflanze),
die Stauden
stau|nen, sie staunt
das **Steak**, die Steaks
ste|chen, er sticht, ich stach,
ich habe gestochen; stich nicht!
ste|cken, du steckst;
die Steckdose; der Stecker
der **Steg**, die Stege
ste|hen, er steht, ich stand,
ich habe [bin] gestanden;
stehen bleiben; der Stehplatz
steh|len, sie stiehlt, ich stahl,
ich habe gestohlen; stiehl nicht!
steif
stei|gen, er steigt, ich stieg,
ich bin gestiegen;
der Steig (steiler Weg); die Steigung
stei|gern; die Steigerung
steil; der Steilhang
der **Stein**, die Steine; steinig;
steinalt; steinhart
stel|len, sie stellt; die Stelle
die **Stel|ze**, die Stelzen; stelzen
stem|men, er stemmt
der **Stem|pel**, die Stempel; stempeln

die **Stepp|de|cke**, die Steppdecken
die **Step|pe**, die Steppen
ster|ben, sie stirbt, sie starb,
sie ist gestorben; sterbenskrank
die **Ste|reo|an|la|ge**, die Stereoanlagen
ste|ril (keimfrei); ein steriler Verband
der **Stern**, die Sterne;
sternenklar
ste|tig (beständig)
stets (immer)
das **Steu|er** (zum Lenken),
die Steuer;
steuern; er steuert das Auto

die **Steu|er** (Abgabe), die Steuern
der **Ste|ward**, die Stewards;
die Stewardess
der **Stich**, die Stiche; das Stichwort;
im Stich lassen; sticheln
sti|cken, sie stickt; die Stickerei;
das Stickgarn
sti|ckig; stickige Luft
der **Stie|fel**, die Stiefel;
ein Paar Gummistiefel; stiefeln
die **Stief|el|tern**; die Stiefmutter;
der Stiefvater; der Stiefsohn;
das Stiefmütterchen (Blume)
die **Stie|ge** (schmale Treppe),
die Stiegen
der **Stiel**, die Stiele

A B C D E F G H I J K L M N O P Qu R S T U V W X Y Z

der **Stier**, die Stiere
der **Stift**, die Stifte; der Buntstift
stif|ten (schenken); die Stiftung
still; die Stille; stillschweigend
stil|len; sie stillt den Säugling
die **Stim|me**, die Stimmen
stim|men; es stimmt genau
die **Stim|mung**; stimmungsvoll
stin|ken, es stinkt, es stank,
es hat gestunken; stinkfaul
stip|pen; er stippt das Brot
die **Stirn**, die Stirnen
stö|bern, sie stöbert
sto|chern, er stochert
der **Stock** (Stab), die Stöcke
der **Stock** (Etage); erster Stock;
das Stockwerk; zweistöckig
stock|dun|kel; stockfinster
sto|cken; der Verkehr stockt
Stock|holm (Hauptstadt von
Schweden)
der **Stoff**, die Stoffe; der Stofffetzen
stöh|nen, sie stöhnt
der **Stol|len**, die Stollen
stol|pern; ich bin gestolpert
stolz, stolzer, am stolzesten;
der Stolz; stolzieren
stop|fen; der Stopfen; die Stopfnadel
die **Stop|pel**, die Stoppeln

stop|pen, sie stoppt; der Stopp;
das Stoppschild; die Stoppuhr
der **Stöp|sel**, die Stöpsel
der **Storch**, die Störche
stö|ren; er stört mich;
die Störung; die Bildstörung
stör|risch; der störrische Esel
die **Sto|ry** (Geschichte), die Storys
sto|ßen, sie stößt, ich stieß,
ich habe gestoßen; der Stoß;
die Stoßstange; abstoßend
stot|tern, er stottert
die **Stra|fe**, die Strafen; der Sträfling;
strafen; strafbar; sträflich
straff
strah|len, sie strahlt;
der Strahl; die Strahlen;
die Strahlung; strahlend
die **Sträh|ne**, die Strähnen; strähnig
stramm
stram|peln, er strampelt;
das Strampelhöschen
der **Strand**, die Strände;
stranden; das Schiff strandet
der **Strang**, die Stränge
die **Stra|pa|ze**, die Strapazen;
strapazieren
die **Stra|ße**, die Straßen;
die Straßenbahn; die Straßenecke

sich **sträu|ben**, sie sträubt sich
der **Strauch**, die Sträucher; der Brombeerstrauch
der **Strauß**, die Sträuße; der Blumenstrauß
der **Strauß** (Vogel), die Strauße

stre|ben, er strebt; der Streber; die Streberin; strebsam
die **Stre|cke**, die Strecken
stre|cken, sie streckt
der **Streich**, die Streiche
strei|cheln, er streichelt
strei|chen, sie streicht die Tür; ich strich, ich habe gestrichen
das **Streich|holz**, die Streichhölzer
strei|fen; gestreift; der Streifen, die Streifen; die Streife; die Polizeistreife
strei|ken, er streikt; der Streik
strei|ten, sie streitet, ich stritt, ich habe gestritten; der Streit; die Streiterei
streng, strenger, am strengsten; die Strenge
der **Stress** (Überbeanspruchung)

streu|en, er streut; die Streu (Stroh); die Streuung
streu|nen; der Hund streunt
der **Streu|sel|ku|chen**, die Streuselkuchen
der **Strich**, die Striche
der **Strick**, die Stricke
stri|cken; die Stricknadel
der **Strie|men**, die Striemen
das **Stroh**; der Strohhalm
der **Strolch**, die Strolche; strolchen
der **Strom** (Fluss), die Ströme; strömen; die Strömung; stromabwärts
der **Strom**; die Stromleitung
die **Stro|phe**, die Strophen
strot|zen; er strotzt vor Kraft
strub|be|lig; eine strubbelige Frisur
der **Stru|del**, die Strudel; strudeln
der **Strumpf**, die Strümpfe
strup|pig; ein struppiges Fell
der **Struw|wel|pe|ter**
die **Stu|be**, die Stuben
das **Stück**, die Stücke
stu|die|ren; das Studium; der Student; die Studentin
das **Stu|dio**, die Studios
die **Stu|fe**, die Stufen
der **Stuhl**, die Stühle
die **Stul|le** (Brotscheibe), die Stullen

stül|pen (umdrehen)
stumm; verstummen
stumpf; der Stumpfsinn
der **Stumpf**, die Stümpfe; der Baumstumpf
die **Stun|de**, die Stunden; der Stundenplan; die Viertelstunde; stundenlang; stündlich
stup|sen (stoßen), sie stupst mich; die Stupsnase
stur; die Sturheit
der **Sturm**, die Stürme; der Stürmer; die Stürmerin; stürmisch; stürmen
stür|zen, er stürzt; der Sturz, die Stürze; der Sturzhelm
die **Stu|te**, die Stuten
Stutt|gart
stut|zen, sie stutzt; stutzig
stüt|zen, sie stützt ihn
das **Sub|jekt**, die Subjekte
das **Sub|stan|tiv** (Namenwort, Nomen), die Substantive
sub|tra|hie|ren (abziehen); die Subtraktion
su|chen, er sucht; die Suche
die **Sucht**, die Süchte; süchtig
Süd|ame|ri|ka; der Südamerikaner; südamerikanisch

der **Sü|den**; südlich; die Südfrucht; Süddeutschland
süh|nen; die Sühne
die **Sül|ze**
die **Sum|me**, die Summen
sum|men; sie summt ein Lied
der **Sumpf**, die Sümpfe; sumpfig
die **Sün|de**, die Sünden; sündigen
su|per; der Supermarkt
die **Sup|pe**, die Suppen
sur|fen, er surft; das Surfbrett

sur|ren; die Maschine surrt
süß, süßer, am süßesten; süßen; süßlich; die Süßigkeit
das **Sweat|shirt**, die Sweatshirts
der **Swim|ming|pool**, die Swimmingpools
das **Sym|bol** (Zeichen), die Symbole
sym|met|risch [sym|me|trisch] (spiegelgleich)
die **Sym|pa|thie** (Zuneigung), die Sympathien; sympathisch
die **Sy|na|go|ge [Syn|a|go|ge]** (jüdisches Gotteshaus), die Synagogen
das **Sys|tem**, die Systeme; systematisch
die **Sze|ne**, die Szenen

der **Ta|bak**; die Tabakspfeife
die **Ta|bel|le**, die Tabellen
das **Ta|blett [Tab|lett]**, die Tabletts
die **Ta|blet|te [Tab|let|te]**, die Tabletten
der **Ta|cho** (Geschwindigkeitsmesser), die Tachos
ta|deln, er tadelt; der Tadel, die Tadel; tadellos
die **Ta|fel**, die Tafeln
der **Tag**, die Tage; eines Tages; tagelang; täglich; tagsüber
die **Ta|ges|schau**
die **Ta|gung**, die Tagungen; tagen
die **Tail|le**, die Taillen; tailliert
der **Takt**, die Takte; taktlos; taktvoll
das **Tal**, die Täler; die Talsperre
der **Ta|lar** (Amtskleid), die Talare
das **Ta|lent**, die Talente; talentiert
der **Ta|ler** (Silbergeld), die Taler
der **Talg** (Rinderfett), die Talge
der **Ta|lis|man** (Glücksbringer), die Talismane

Ta

der **Talk|mas|ter** (Fernsehmoderator), die Talkmaster
die **Talk|show**, die Talkshows
Tal|linn (Hauptstadt von Estland)
das **Tan|dem** (Fahrrad für zwei Personen), die Tandems
tan|ken, sie tankt; der Tank, die Tanks; die Tankstelle; der Tankwart
die **Tan|ne**, die Tannen; der Tannenzapfen
die **Tan|te**, die Tanten
tan|zen, er tanzt; tänzeln; das Pferd tänzelt; der Tanz, die Tänze; der Tänzer; die Tänzerin
die **Ta|pe|te**, die Tapeten; tapezieren
tap|fer, tapferer, am tapfersten; die Tapferkeit
tap|pen; sie tappt im Dunkeln
tap|sig; tapsen
tar|nen; er tarnt das Versteck; die Tarnung; die Tarnkappe
die **Ta|sche**, die Taschen; das Taschengeld; das Taschentuch
die **Tas|se**, die Tassen
die **Tas|te**, die Tasten; die Tastatur
tas|ten, er tastet

A B C D E F G H I J K L M N O P Qu R S T U V W X Y Z

die **Tat**, die Taten; in der Tat; der Täter; die Täterin; der Tatort; der Tatbestand

das **Tä|tig|keits|wort** (Verb, Tunwort), die Tätigkeitswörter

die **Tat|sa|che**, die Tatsachen; tatsächlich

die **Tat|ze**, die Tatzen

das **Tau** (dickes Seil), die Taue; das Tauziehen

der **Tau**; der Tautropfen

taub; die Taubheit; taubstumm; der Taubstumme

die **Tau|be**, die Tauben

tau|chen, sie taucht; der Taucher; die Taucherin; der Tauchsieder

tau|en, es taut; das Tauwetter

die **Tau|fe**, die Taufen; der Taufname (Vorname); der Taufpate; die Taufpatin; taufen; er wurde getauft

tau|gen; es taugt nichts; der Taugenichts; tauglich

tau|meln (schwanken), er taumelt; der Taumel

tau|schen, sie tauscht; der Tausch

täu|schen; er täuscht ihn; die Täuschung

tau|send; tausende Autos; der tausendste Zuschauer; tausendfach; der Tausender; der Tausendfüßler

das **Ta|xi** [die Taxe], die Taxis [Taxen]; der Taxifahrer; die Taxifahrerin

das **Team** (Arbeitsgruppe), die Teams; die Teamarbeit

die **Tech|nik**, die Techniken; der Techniker; die Technikerin; technisch; die Technologie

der **Ted|dy** (Teddybär), die Teddys

der **Tee**, die Tees; die Teekanne; der Teelöffel

der **Teen|ager**, die Teenager

der **Teer**; die Teerpappe; teeren

der **Teich** (Gewässer), die Teiche

der **Teig** (Kuchenteig), die Teige

tei|len, sie teilt; der [das] Teil, die Teile; teilbar; die Teilung; teils … teils …; teilweise

teil|neh|men → nehmen; die Teilnahme; der Teilnehmer; die Teilnehmerin

das **Te|le|fax** → Fax

das **Te|le|fon**, die Telefone; die Telefonzelle; die Telefonkarte; telefonieren; telefonisch

das **Te|le|gramm**, die Telegramme
das **Te|le|skop** (Fernrohr), die Teleskope

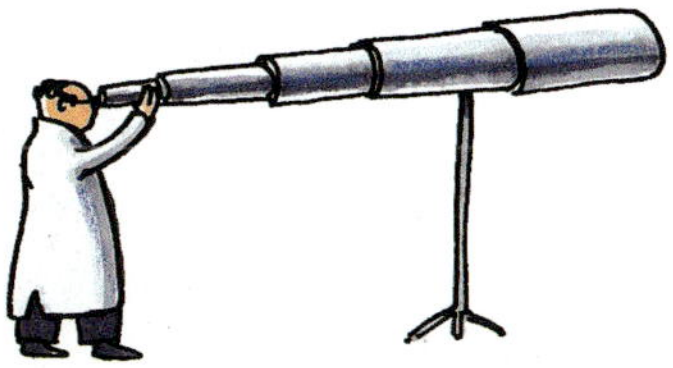

der **Tel|ler**, die Teller
der **Tem|pel**, die Tempel
das **Tem|pe|ra|ment**, die Temperamente; temperamentvoll
die **Tem|pe|ra|tur**, die Temperaturen
das **Tem|po**, die Tempos [Tempi]
das **Ten|nis**; Tennis spielen; das Tennisspiel; der Tennisschläger
der **Tep|pich**, die Teppiche; der Teppichboden
der **Ter|min**, die Termine
das **Ter|ra|ri|um** (Glasbehälter für Tiere), die Terrarien
die **Ter|ras|se**, die Terrassen
der **Ter|ri|er** (Hunderasse), die Terrier; der Foxterrier
die **Ter|ri|ne** (Suppenschüssel), die Terrinen
der **Ter|ror**; der Terrorismus; der Terrorist (Gewalttäter), die Terroristen; die Terroristin
das **Tes|ta|ment**, die Testamente

tes|ten, er testet; der Test, die Tests [Teste]
teu|er, teurer, am teuersten
der **Teu|fel**, die Teufel; teuflisch
der **Text**, die Texte
die **Tex|ti|li|en** (Stoffwaren)
das **The|a|ter**, die Theater; das Theaterstück
die **The|ke**, die Theken
das **The|ma**, die Themen [Themata]; thematisch
die **The|o|rie**, die Theorien; theoretisch
das **Ther|mal|bad** (Warmbad), die Thermalbäder
das **Ther|mo|me|ter**, die Thermometer
die **Ther|mos|fla|sche**, die Thermosflaschen
der **Thron**, die Throne
der **Tun|fisch**, die Tunfische
Thü|rin|gen; der Thüringer, die Thüringer, die Thüringerin; thüringisch
ti|cken, es tickt; einen Tick haben
das **Ti|cket** (Fahrkarte), die Tickets
tief, tiefer, am tiefsten; tiefgefroren; tiefgekühlt; die Tiefe; die Tiefkühltruhe
das **Tier**, die Tiere; der Tierschutz; der Tierarzt; die Tierärztin

Ti bis To

der **Ti|ger**, die Tiger
die **Tin|te**, die Tinten; der Tintenfleck; der Tintenklecks; der Tintenkiller
der **Tipp**, die Tipps; gute Tipps geben
tip|pen, er tippt; der Tippfehler; der Tippschein
Ti|ra|na (Hauptstadt von Albanien)
der **Tisch**, die Tische; das Tischset; das Tischtuch; das Tischtennis
der **Tisch|ler** (Schreiner), die Tischler; die Tischlerin; die Tischlerei
der **Ti|tel**, die Titel; das Titelbild; das Titelblatt
der **Toast**, die Toaste [Toasts]; der Toaster; das Toastbrot; toasten; sie toastet Brot
to|ben, er tobt; tobsüchtig
die **Toch|ter**, die Töchter
der **Tod**; tödlich; der Todesfall; todkrank; todmüde
die **To|i|let|te**, die Toiletten; das Toilettenpapier
die **To|le|ranz**; tolerant; tolerieren
toll; tollen, sie tollt herum; die Tollwut (Krankheit); tollwütig
der **Toll|patsch**; tollpatschig
der **Töl|pel**, die Tölpel; tölpelhaft
die **To|ma|te**, die Tomaten
die **Tom|bo|la** (Verlosung)

To

der **Ton**, die Töne; die Tonleiter; tönen; die Glocke tönt
der **Ton** (Bodenart); das Tongeschirr
der **Ton** (Farbton); die Tönung
die **Ton|ne**, die Tonnen
der **Topf**, die Töpfe; der Töpfer; die Töpferin
das **Tor**, die Tore; der Torwart
der **Tor** (Narr), die Toren; die Torheit; töricht
der **Torf**; der Torfmull
tor|keln, er torkelt
der **Tor|na|do** (Wirbelsturm), die Tornados

der **Tor|nis|ter**, die Tornister
die **Tor|te**, die Torten
to|sen; der Sturm tost
tot; er ist tot; töten; der Tote, die Toten; die Tote; totenblass; totenstill; totschießen; sich totlachen
to|tal (völlig); der Totalschaden
das [der] **To|to**; der Totoschein
die **Tour** (Fahrt, Wanderung), die Touren; die Radtour
der **Tou|rist**, die Touristen; die Touristin; der Tourismus

Tr

tra|ben; der Trab

die **Tracht**, die Trachten; die Tracht Prügel

die **Tra|di|ti|on** (Brauch), die Traditionen; traditionell

der **Tra|fo** [Transformator], die Trafos

trä|ge; die Trägheit

tra|gen, er trägt, ich trug, ich habe getragen; tragbar; der Träger; die Tragbahre

tra|gisch; ein tragischer Unfall

trai|nie|ren, sie trainiert; der Trainer; die Trainerin; das Training; der Trainingsanzug

der **Trak|tor**, die Traktoren

tram|peln, er trampelt; das Trampeltier

tram|pen

das **Tram|po|lin**, die Trampoline

die **Trä|ne**, die Tränen; tränen

trän|ken; sie tränkt das Vieh; die Tränke; das Getränk

der **Trans|for|ma|tor** [Trafo], die Transformatoren

das **Trans|pa|rent**, die Transparente; transparent (durchsichtig)

der **Trans|port**, die Transporte; transportieren

das **Tra|pez**, die Trapeze

trat|schen, er tratscht; der Tratsch; die Tratscherei

die **Trau|be**, die Trauben; der Traubensaft

sich **trau|en**; er traut sich nicht

trau|en; die Trauung (Hochzeit)

trau|ern, er trauert; die Trauer; die Traurigkeit; traurig

träu|feln

der **Traum**, die Träume; träumen; traumhaft; die Träumerei

der **Tre|cker** (Traktor), die Trecker

tref|fen, er trifft, ich traf, ich habe getroffen; triff genau!; treffend; der Treffer; der Treffpunkt

trei|ben, sie treibt, ich trieb, ich habe getrieben; das Treibhaus; der Treibstoff

der **Trend**, die Trends

tren|nen, er trennt; trennbar; getrennt; die Trennung

die **Trep|pe**, die Treppen; treppauf, treppab

der **Tre|sen**, die Tresen

der **Tre|sor** (Panzerschrank), die Tresore

tre|ten, sie tritt, ich trat, ich habe getreten; tritt!; der Tritt, die Tritte

treu, treuer, am treusten [treuesten]; die Treue; treulos; treuherzig

der [die] **Tri|an|gel**, die Triangel

der **Tri|ath|lon** (Dreikampf im Sport)

die **Tri|bü|ne** (Sitzreihen für Zuschauer), die Tribünen

der **Trich|ter**, die Trichter

der **Trick**, die Tricks; der Trickfilm; tricksen

der **Trieb**, die Triebe; treiben

das **Tri|kot**, die Trikots

tril|lern; die Trillerpfeife

trim|men; der Trimmpfad

trin|ken, er trinkt, ich trank, ich habe getrunken; das Getränk; das Trinkgeld

das **Trio** (drei Leute), die Trios

der **Trip** (Kurzreise), die Trips

der **Tritt**, die Tritte; das Trittbrett

der **Tri|umph**, die Triumphe

tro|cken, trockener [trockner], am trockensten; die Trockenheit; trocknen

trö|deln (bummeln), sie trödelt

der **Tröd|ler**; der Trödelladen

die **Trom|mel**, die Trommeln; trommeln, sie trommelt

die **Trom|pe|te**, die Trompeten

die **Tro|pen** (heiße Zone am Äquator); tropisch

trop|fen, es tropft; der Tropfen; tröpfeln, es tröpfelt

der **Trost**; der Trostpreis; trostlos; trösten

der **Trot|tel** (Dummkopf), die Trottel

trotz; trotz der Warnung

der **Trotz**; trotzig

trotz|dem; er tat es trotzdem

trüb [trübe]; trübselig

der **Tru|bel**

die **Tru|he**, die Truhen

die **Trüm|mer** (Mehrzahl); der Trümmerhaufen

der **Trumpf** (Vorteil), die Trümpfe

die **Trup|pe**, die Truppen

die **Tsche|chi|sche Re|pu|blik [Tsche|chi|sche Re|pub|lik]**; der Tscheche, die Tschechen, die Tschechin; tschechisch

tschüs! [tschüss!]
das T-Shirt, die T-Shirts
die **Tu|be**, die Tuben
das **Tuch**, die Tücher
tüch|tig; die Tüchtigkeit
die **Tü|cke**, die Tücken; tückisch
die **Tul|pe**, die Tulpen
sich **tum|meln**, sie tummelt sich
der **Tüm|pel**, die Tümpel
der **Tu|mult**, die Tumulte
tun, er tut, ich tat, ich habe getan
der **Tun|fisch** [Thunfisch], die Tunfische
tun|ken (eintauchen), sie tunkt; die Tunke (Soße)
der **Tun|nel**, die Tunnel [Tunnels]
das **Tun|wort** (Tuwort, Verb)
der **Tup|fen**, die Tupfen; der Tupfer; tupfen
die **Tür**, die Türen; die Haustür
die **Tur|bi|ne**, die Turbinen
die **Tür|kei**; der Türke, die Türken, die Türkin; türkisch
der **Turm**, die Türme; turmhoch
tur|nen, sie turnt; der Turner; die Turnerin

das **Tur|nier** (Wettkampf), die Turniere
die **Tu|sche**; tuschen, er tuscht
tu|scheln; sie tuschelt mit ihr
die **Tü|te**, die Tüten
das **Tu|wort** (Tunwort, Verb, Zeitwort)
das **TV** [Television] (Fernsehen)
der **Typ**, die Typen; typisch

Ub

die **U-Bahn** (Untergrundbahn), die U-Bahnen
übel; mir ist übel; ein übler Scherz; das Übel; die Übelkeit; etwas übel nehmen
üben, er übt; die Übung
über
über|all
der **Über|blick**; überblicken
über|drüs|sig; der Überdruss
über|ein|an|der [über|ei|nan|der]
über|fah|ren → fahren
über|fal|len → fallen; der Überfall, die Überfälle
der **Über|fluss**; überflüssig
über|for|dern; die Überforderung
der **Über|gang**, die Übergänge
über|ge|ben → geben
über|haupt
über|heb|lich
über|ho|len → holen
über|hö|ren → hören
über|le|gen; die Überlegung
über|lis|ten, sie überlistet
über|mor|gen; übermorgen früh
über|mü|det; die Übermüdung
der **Über|mut**; übermütig
über|nach|ten; die Übernachtung
über|neh|men → nehmen
über|que|ren, er überquert
über|ra|schen; die Überraschung
über|re|den → reden
über|rei|chen → reichen
die **Über|schrift**, die Überschriften
über|schwäng|lich; der Überschwang
die **Über|schwem|mung**, die Überschwemmungen
über|set|zen; die Übersetzung
die **Über|sicht**; übersichtlich
die **Über|stun|de**, die Überstunden
über|tref|fen → treffen
über|trei|ben → treiben; die Übertreibung; übertrieben
über|wäl|ti|gen; überwältigend
über|wei|sen; die Überweisung
über|win|den → winden
über|zeu|gen; die Überzeugung
üb|lich; das ist so üblich
das **U-Boot** (Unterseeboot), die U-Boote
üb|rig; übrig bleiben; übrig lassen

üb|ri|gens

die **Übung**, die Übungen

das **Ufer**, die Ufer; uferlos

das **Ufo**, die Ufos

die **Uhr**, die Uhren; zwölf Uhr; die Uhrzeit; der Uhrzeiger

der **Uhu**, die Uhus

die **Uk|ra|i|ne**; der Ukrainer, die Ukrainer, die Ukrainerin; ukrainisch

der **UKW-Sen|der** (Ultrakurzwellensender)

der **Ulk**; ulkig

um; um ein Uhr

um|ar|men; die Umarmung

um|bau|en → bauen; der Umbau

um|dre|hen → drehen; die Umdrehung

um|ein|an|der [um|ei|nan|der]

um|fah|ren → fahren

um|fal|len → fallen

der **Um|fang**; umfangreich

die **Um|fra|ge**, die Umfragen

die **Um|ge|bung**

die **Um|ge|hungs|stra|ße**

der **Um|hang**, die Umhänge; umhängen

um|her; umhergehen

um|keh|ren; umgekehrt

um|kip|pen

der **Um|laut**, die Umlaute (ä, ö, ü)

die **Um|lei|tung**, die Umleitungen; umleiten

der **Um|riss**, die Umrisse

der **Um|schlag**, die Umschläge

um|so besser; umso mehr

um|sonst

um|ständ|lich; unter Umständen

um|tau|schen → tauschen; der Umtausch

der **Um|weg**, die Umwege

die **Um|welt**; der Umweltschutz; die Umweltverschmutzung; umweltfreundlich

um|zie|hen → ziehen; der Umzug, die Umzüge

un|ab|hän|gig

un|an|ge|nehm

un|ar|tig (ungezogen)

un|auf|hör|lich

un|auf|merk|sam; die Unaufmerksamkeit

un|aus|steh|lich

un|barm|her|zig

un|be|dingt

das **Un|be|ha|gen**; unbehaglich

un|be|hol|fen

A B C D E F G H I J K L M N O P Qu R S T U V W X Y Z

Un

un|be|kannt
un|be|quem
un|be|schränkt
und; Mann und Frau
un|dank|bar; die Undankbarkeit
un|end|lich; die Unendlichkeit
un|ent|schie|den
un|er|hört
un|er|mess|lich
un|er|träg|lich
un|fä|hig
un|fair
der **Un|fall**, die Unfälle
un|freund|lich
der **Un|fug**; Unfug treiben
Un|garn; der Ungar, die Ungarn, die Ungarin; ungarisch
un|ge|dul|dig; die Ungeduld
un|ge|fähr
un|ge|heu|er; das Ungeheuer
un|ge|hor|sam; der Ungehorsam
un|ge|nau; die Ungenauigkeit
un|ge|nü|gend
un|ge|recht; die Ungerechtigkeit
un|ge|schickt
un|ge|wiss; die Ungewissheit
un|ge|wöhn|lich
das **Un|ge|zie|fer**
un|ge|zo|gen

un|glaub|lich
das **Un|glück**; unglücklich
un|gül|tig
un|heim|lich
un|höf|lich
die **Uni|form**, die Uniformen
un|in|te|res|sant **[un|in|ter|es|sant]**
die **Uni|ver|si|tät**, die Universitäten
die **Un|kos|ten**
das **Un|kraut**
un|mög|lich
un|nö|tig
das **Un|recht**; unrecht haben
un|ru|hig; die Unruhe
uns; unser; unsere
un|schul|dig; die Unschuld; der Unschuldige
der **Un|sinn**; unsinnig
un|ten; oben und unten
un|ter; untereinander
un|ter|bre|chen → brechen; die Unterbrechung
un|ter|brin|gen → bringen; die Unterbringung
un|ter|ein|an|der **[un|ter|ei|nan|der]**
die **Un|ter|füh|rung**, die Unterführungen

der **Un|ter|gang**; untergehen; der Sonnenuntergang

der **Un|ter|grund**
un|ter|halb
un|ter|hal|ten → halten; die Unterhaltung; Unterhalt zahlen
das **Un|ter|hemd**, die Unterhemden
un|ter|ir|disch
die **Un|ter|kunft**, die Unterkünfte
un|ter|neh|men; das Unternehmen; unternehmungslustig
der **Un|ter|richt**; unterrichten
un|ter|schei|den; der Unterschied
un|ter|schrei|ben → schreiben
die **Un|ter|schrift**, die Unterschriften
un|ter|strei|chen → streichen
un|ter|stüt|zen; die Unterstützung
die **Un|ter|su|chung**; untersuchen
die **Un|ter|tas|se**, die Untertassen
die **Un|ter|wä|sche**
un|ter|wegs
un|ver|gess|lich
un|ver|hofft
un|ver|nünf|tig; die Unvernunft
un|ver|schämt; die Unverschämtheit
un|ver|ständ|lich
un|ver|züg|lich (sofort)
un|vor|sich|tig
das **Un|wet|ter**, die Unwetter
un|zäh|lig
un|zer|trenn|lich
un|zu|frie|den; die Unzufriedenheit
üp|pig; ein üppiges Essen
ur|alt
die **Ur|groß|el|tern**; der Urgroßvater; der Urenkel; die Urenkelin
der **Urin** (Harn)
die **Ur|kun|de**, die Urkunden
der **Ur|laub**; der Urlauber; die Urlauberin
die **Ur|ne**, die Urnen; die Wahlurne
die **Ur|sa|che**, die Ursachen
der **Ur|sprung**; ursprünglich
das **Ur|teil**, die Urteile; urteilen
der **Ur|wald**, die Urwälder
die **USA** (Vereinigte Staaten von Amerika) → Amerika

Va|duz (Hauptstadt von Liechtenstein)

der **Va|ga|bund**, die Vagabunden

Val|let|ta (Hauptstadt von Malta)

der **Vam|pir**, die Vampire

die **Va|nil|le**; das Vanilleeis

die **Va|se**, die Vasen

der **Va|ter**, die Väter, Vati; väterlich; das Vaterland; das Vaterunser

der **Ve|ge|ta|ri|er** (Pflanzenkostesser), die Vegetarier; vegetarisch

das **Veil|chen**, die Veilchen

die **Ve|ne** (Blutbahn), die Venen

das **Ven|til**, die Ventile

der **Ven|ti|la|tor**, die Ventilatoren

ver|ab|re|den; die Verabredung

sich **ver|ab|schie|den**

ver|ach|ten; die Verachtung

die **Ve|ran|da**, die Veranden

ver|än|dern; veränderlich; die Veränderung

die **Ver|an|stal|tung**, die Veranstaltungen; veranstalten

die **Ver|ant|wor|tung**; verantworten; verantwortlich sein

das **Verb** (Zeitwort, Tuwort, Tunwort), die Verben

der **Ver|band**, die Verbände; das Verbandzeug [Verbandszeug]

ver|ber|gen → bergen

ver|bes|sern; die Verbesserung

sich **ver|beu|gen**; die Verbeugung

ver|bie|gen → biegen

ver|bie|ten; sie verbietet es, ich verbot, ich habe verboten

ver|bin|den → binden; die Verbindung; verbindlich

ver|blüf|fen; die Verblüffung

ver|blü|hen; die Rose ist verblüht

das **Ver|bot**, die Verbote; das Verbotsschild

ver|brau|chen; der Verbrauch; der Verbraucher

das **Ver|bre|chen**, die Verbrechen; der Verbrecher; die Verbrecherin

ver|brei|ten; die Verbreitung

ver|bren|nen, es verbrannte; die Verbrennung

ver|brü|hen

der **Ver|dacht**; verdächtigen; verdächtig

ver|dau|en; die Verdauung

Ve

das **Ver|deck**; verdecken
ver|der|ben, es verdirbt,
es verdarb, es ist verdorben;
das Verderben; verderblich
ver|die|nen; der Verdienst (Lohn)
ver|dop|peln; die Verdoppelung
ver|drän|gen, er verdrängt
ver|drie|ßen; es verdrießt mich,
es verdross mich,
es hat mich verdrossen;
der Verdruss; verdrießlich
ver|dün|nen; er verdünnt die Farbe
ver|duns|ten, es verdunstet;
die Verdunstung
ver|durs|ten, er verdurstet
ver|dutzt (verwirrt)
ver|eh|ren; die Verehrung
der **Ver|ein**, die Vereine;
vereinen

ver|ein|ba|ren; die Vereinbarung
sich **ver|fah|ren** → fahren
ver|fas|sen; der Verfasser;
die Verfasserin; die Verfassung
ver|fil|men; die Verfilmung
ver|flixt; eine verflixte Sache
ver|flu|chen → fluchen
ver|fol|gen; sie verfolgt ihn;
die Verfolgung
die **Ver|gan|gen|heit**; vergangen

der **Ver|ga|ser**, die Vergaser
ver|ge|ben; sie vergibt ihm,
ich vergab, ich habe vergeben;
die Vergebung; vergeblich;
vergebens (umsonst)
ver|gel|ten; die Vergeltung
ver|ges|sen, er vergisst,
ich vergaß, ich habe vergessen;
die Vergesslichkeit; vergesslich;
vergiss nicht!
ver|gif|ten; die Vergiftung
das **Ver|giss|mein|nicht**
ver|glei|chen, sie vergleicht,
ich verglich, ich habe verglichen;
der Vergleich, die Vergleiche
das **Ver|gnü|gen**, die Vergnügen;
sich vergnügen, er vergnügt sich;
vergnügt; viel Vergnügen!
ver|grö|ßern; die Vergrößerung
ver|haf|ten; die Verhaftung
sich **ver|hal|ten**; das Verhalten
das **Ver|hält|nis**, die Verhältnisse;
verhältnismäßig
das **Ver|hält|nis|wort** (Präposition)
ver|han|deln; die Verhandlung
ver|hau|en, sie verhaut
ver|heim|li|chen
ver|hei|ra|tet
ver|hin|dern; er verhindert es

ver|hö|ren; das Verhör
ver|hun|gern, sie verhungert
ver|hü|ten; die Verhütung
sich **ver|ir|ren**, sie verirrt sich
ver|kau|fen → kaufen; der Verkauf; der Verkäufer; die Verkäuferin
der **Ver|kehr**; die Verkehrsampel; der Verkehrsunfall
ver|kehrt; das ist verkehrt
ver|klei|den; er ist verkleidet; die Verkleidung
ver|kün|di|gen, sie verkündet; die Verkündigung
der **Ver|lag**, die Verlage; der Verleger
ver|lan|gen, er verlangt
ver|län|gern, sie verlängert; die Verlängerung; das Verlängerungskabel
ver|las|sen, er verlässt, ich verließ, ich habe verlassen
sich **ver|lau|fen** → laufen
ver|le|gen; er ist verlegen; die Verlegenheit
ver|lei|hen → leihen; der Verleih
ver|let|zen; sie verletzt sich; die Verletzung; der Verletzte; die Verletzte

Ve

sich **ver|lie|ben**; verliebt; die Verliebten

ver|lie|ren, er verliert, ich verlor, ich habe verloren
die **Ver|lo|bung**; die Verlobten; sich verloben
ver|lo|cken; die Verlockung
die **Ver|lo|sung**; verlosen
der **Ver|lust**, die Verluste
die **Ver|mäh|lung**; sich vermählen
ver|meh|ren; die Vermehrung
ver|mei|den → meiden
ver|mie|ten; der Vermieter; die Vermieterin
ver|mis|sen; sie vermisst etwas; der Vermisste; die Vermisste; die Vermisstenanzeige
das **Ver|mö|gen**; vermögend (reich); du bist vermögend
ver|mu|ten; er vermutet es; die Vermutung; vermutlich
ver|nach|läs|si|gen; ich habe sie vernachlässigt; die Vernachlässigung
ver|neh|men; die Vernehmung

ver|nei|gen; die Verneigung
ver|nich|ten; die Vernichtung
ver|nünf|tig; die Vernunft
ver|ord|nen; die Verordnung
ver|pa|cken → packen; die Verpackung
ver|pas|sen, sie verpasst, ich verpasste, ich habe verpasst; verpass nicht den Bus!
ver|pet|zen; er verpetzt sie
die **Ver|pfle|gung**; verpflegen
die **Ver|pflich|tung**; sich verpflichten
ver|prü|geln → prügeln
ver|ra|ten, sie verrät, ich verriet, ich habe verraten; der Verrat; verräterisch; der Verräter; die Verräterin
sich **ver|rech|nen**, sie verrechnet sich
ver|rei|ben → reiben
ver|rei|sen, er verreist
ver|ren|ken; sich den Fuß verrenken
ver|ros|ten; alles ist verrostet
ver|rückt; der Verrückte, die Verrückten
der **Vers** (Zeile eines Gedichtes), die Verse
ver|sa|gen; der Versager; die Versagerin
die **Ver|samm|lung**; sich versammeln

Ve

der **Ver|sand**; das Versandhaus; versenden → senden
ver|säu|men; das Versäumnis
ver|schen|ken → schenken
ver|scheu|chen → scheuchen
ver|schie|den; verschiedenartig
ver|schla|fen → schlafen
ver|schlie|ßen → schließen
sich **ver|schlu|cken**, er verschluckt sich
der **Ver|schluss**, die Verschlüsse
ver|schmut|zen; es ist verschmutzt; die Verschmutzung
ver|schnupft; ich bin verschnupft
ver|schwen|den; die Verschwendung; verschwenderisch
ver|schwin|den, er verschwindet, ich verschwand, ich bin verschwunden
ver|schwitzt
das **Ver|se|hen**; aus Versehen
ver|sen|den → senden; der Versand
ver|set|zen; er wird versetzt; die Versetzung
die **Ver|si|che|rung**, die Versicherungen; versichern
ver|sor|gen; die Versorgung
sich **ver|spä|ten**; die Verspätung
ver|spre|chen → sprechen; das Versprechen
der **Ver|stand**; verständig

ver|stän|di|gen; er verständigt mich; die Verständigung; verständlich; das Verständnis; verständnisvoll

der **Ver|stär|ker**, die Verstärker; verstärken

ver|stau|chen; die Verstauchung

ver|ste|cken; sie versteckt es; das Versteck; die Verstecke

ver|ste|hen; er versteht mich; ich verstand, ich habe verstanden

die **Ver|stei|ge|rung**, die Versteigerungen; versteigern

die **Ver|stei|ne|rung**, die Versteinerungen

ver|stopft; das Rohr ist verstopft

ver|su|chen, sie versucht; der Versuch; die Versuchung

ver|tei|di|gen; die Verteidigung

ver|tei|len; die Verteilung

der **Ver|trag**, die Verträge

ver|tra|gen; er verträgt es; ich vertrug, ich habe vertragen

ver|trau|en; sie vertraut ihm; das Vertrauen; vertraulich

ver|träumt

ver|trei|ben → treiben

ver|tre|ten → treten; der Vertreter; die Vertreterin; die Vertretung

ver|un|glü|cken, er verunglückt

ver|ur|tei|len; die Verurteilung

die **Ver|viel|fäl|ti|gung**; vervielfältigen

ver|wah|ren; er verwahrt Geld

ver|wal|ten; die Verwaltung; die Stadtverwaltung

ver|wan|deln; die Verwandlung

ver|wandt; die Verwandtschaft; der Verwandte; die Verwandte

die **Ver|wechs|lung**, die Verwechslungen; verwechseln

ver|wei|gern; die Verweigerung

der **Ver|weis**, die Verweise

ver|wel|ken; die Blume verwelkt

ver|wen|den → wenden; die Verwendung

ver|wir|ren; verwirrt; ich bin verwirrt; die Verwirrung

ver|wit|tern; die Verwitterung

ver|wit|wet

ver|wöh|nen; sie verwöhnt mich

ver|wun|den; er ist verwundet; verwundbar; die Verwundung; der Verwundete; die Verwundete

ver|zau|bern → zaubern

ver|zeh|ren; der Verzehr

das **Ver|zeich|nis**, die Verzeichnisse

ver|zei|hen; sie verzeiht mir, ich verzieh, ich habe verziehen; die Verzeihung

ver|zich|ten; der Verzicht

ver|zwei|feln; die Verzweiflung
die [das] **Ves|per**; das Vesperbrot
der **Vet|ter**, die Vettern
das **Vi|deo**, die Videos; der Videorekorder
das **Vieh**; die Viehherde
viel, mehr, am meisten;
viel Geld; viele Kinder; vielerlei;
vielfältig; vielmals
viel|leicht
vier; vierzehn; vierzig; vierfach; die
Vier; der Vierer; das Viereck; viereckig;
das Viertel; eine Viertelstunde
die **Vil|la**, die Villen
vi|o|lett (veilchenblau)
die **Vi|o|li|ne** (Geige), die Violinen
der [das] **Vi|rus** (Krankheitserreger),
die Viren; die Virusgrippe
die **Vi|si|te** (Besuch des Arztes),
die Visiten
die **Vi|si|ten|kar|te** (Karte mit Namen),
die Visitenkarten
das **Vi|ta|min [Vit|a|min]**,
die Vitamine
der **Vo|gel**, die Vögel;
die Vogelscheuche

die **Vo|ka|bel** (Wort),
die Vokabeln; Vokabeln lernen
der **Vo|kal** (Selbstlaut), die Vokale
das **Volk**, die Völker; das Volkslied

voll, voller, am vollsten; völlig; voll-
kommen; vollständig; die Vollmilch
der **Vol|ley|ball** (Flugball), die Volleybälle
vom (von dem); vom Baum fallen
von; voneinander
vor; er steht vor dem Tor
vo|ran [vor|an]; vorankommen
vo|raus [vor|aus]; voraussichtlich
vor|bei
vor|bei|ge|hen → gehen
vor|be|rei|ten; die Vorbereitung
vor|beu|gen; die Vorbeugung
das **Vor|bild**, die Vorbilder; vorbildlich
vor|de|re; die vordere Reihe;
der Vordergrund; das Vorderrad
sich **vor|drän|gen**; sich vordrängeln
die **Vor|fahrt**; das Vorfahrtsschild
der **Vor|fall**, die Vorfälle
der **Vor|ge|setz|te**, die Vorgesetzten
vor|ges|tern; vorgestern früh
der **Vor|hang**, die Vorhänge
vor|her; die Vorhersage
vor|hin; er kam vorhin
vo|rig; im vorigen Jahr
vor|kom|men; es kommt vor
vor|läu|fig
vor|laut; sie ist vorlaut
vor|le|sen, sie liest vor, ich las vor,
ich habe vorgelesen

Vo bis Vu

der **Vor|mit|tag**, die Vormittage; am Vormittag; vormittags; heute Vormittag

vorn [vorne]; vornüber

der **Vor|na|me**, die Vornamen

vor|nehm; sie ist vornehm

der **Vor|ort**, die Vororte

der **Vor|rat**, die Vorräte; vorrätig

die **Vor|schau**

der **Vor|schlag**, die Vorschläge

die **Vor|schrift**, die Vorschriften; vorschriftsmäßig

vor|sich|tig; die Vorsicht

die **Vor|sil|be**, die Vorsilben

der **Vor|sprung**

die **Vor|stel|lung**, die Vorstellungen; sich vorstellen

der **Vor|teil**, die Vorteile; vorteilhaft

der **Vor|trag**, die Vorträge

vor|treff|lich (ausgezeichnet)

vo|rü|ber [vor|ü|ber]; vorübergehend

der **Vor|ver|kauf**; die Vorverkaufsstelle

vor|wärts

vor|wer|fen → werfen; der Vorwurf, die Vorwürfe

vor|zie|hen → ziehen

der **Vor|zug**; vorzüglich

der **Vul|kan**, die Vulkane

Wa

die **Waa|ge**, die Waagen; die Briefwaage; waagerecht [waagrecht]

die **Wa|be**, die Waben

wach; wachsam; wachen; die Wachsamkeit; die Wache; der Wächter; wach bleiben

der **Wa|chol|der**; die Wacholderbeere

das **Wachs**; die Wachskerze; einwachsen

wach|sen, sie wächst, ich wuchs, ich bin gewachsen; das Gewächs; das Wachstum; der Wuchs

wa|ckeln, er wackelt; wackelig [wacklig]; der Wackelpudding

die **Wa|de**, die Waden

die **Waf|fe**, die Waffen

die **Waf|fel**, die Waffeln

der **Wa|gen**, die Wagen

wa|gen; sie wagt es; das Wagnis; waghalsig

der **Wag|gon** [Wagon], die Waggons

wäh|len, er wählt; die Wahl, die Wahlen; der Wahlkampf; das Wahllokal; der Wähler; die Wählerin

wahn|sin|nig; der Wahnsinn

wahr; es ist wahr; die Wahrheit; wahrscheinlich

wäh|rend; während der Zeit; währenddessen

wahr|neh|men → nehmen; du nimmst es wahr; die Wahrnehmung

die **Wäh|rung** (Geldeinheit, z. B. Euro), die Währungen

das **Wahr|zei|chen** (Denkmal), die Wahrzeichen

die **Wai|se** (Kind ohne Eltern), die Waisen; das Waisenkind

der **Wal**, die Wale

der **Wald**, die Wälder; der Urwald; das Waldsterben

der **Walk|man** (kleiner Rekorder), die Walkmen

der **Wall** (Erdwall), die Wälle

die **Wall|fahrt** (Pilgerfahrt), die Wallfahrten

die **Wal|nuss**, die Walnüsse

das **Wal|ross**, die Walrosse

die **Wal|ze**, die Walzen; die Straßenwalze; walzen; die Straße wird gewalzt

Wa

wäl|zen; er wälzt sich

der **Wal|zer**; Wiener Walzer tanzen

die **Wand**, die Wände; die Wandtafel

der **Wan|del**; sich wandeln

wan|dern, sie wandert; der Wanderer [Wandrer]; die Wanderin [Wandrerin]; der Wandertag; die Wanderung

die **Wan|ge**, die Wangen

wann; wann fährst du?

die **Wan|ne**, die Wannen

die **Wan|ze**, die Wanzen

das **Wap|pen**, die Wappen; das Stadtwappen

war → sein; er war krank

ich **wä|re** → sein; ich wäre gekommen

die **Wa|re**, die Waren; das Warenhaus

warm, wärmer, am wärmsten; warmherzig

die **Wär|me**; die Wärmflasche; wärmen; er wärmt mich

war|nen; sie warnt mich; die Warnung; das Warnsignal

War|schau (Hauptstadt von Polen)

ihr **wart** → sein; ihr wart da

war|ten, sie wartet; der Wärter; die Wärterin; das Wartezimmer

wa|rum [war|um]; warum bist du da?

die **War|ze**, die Warzen

was; was ist los?
wa|schen, er wäscht, ich wusch, ich habe gewaschen; die Wäsche; die Wäscherei; die Waschmaschine
das **Was|ser**; die Wasserleitung; wasserdicht; wasserscheu; wässrig; die Suppe ist wässrig
wa|ten; der Storch watet
wat|scheln; die Ente watschelt
das **Watt**; das Wattenmeer
das **Watt**; die Glühbirne hat 60 Watt
die **Wat|te**; wattieren
das **WC** (Wasserklosett, Klo), die WCs
we|ben; der Webstuhl
wech|seln; er wechselt das Geld; der Wechsel
der **Weck** [die Wecke, der Wecken] (Brötchen), die Wecke [Wecken]
we|cken; sie weckt mich; der Wecker
we|deln; der Hund wedelt
we|der; weder du noch ich
weg; er ist weg
der **Weg**, die Wege
we|gen; wegen des Regens
weg|fah|ren → fahren
weg|ge|hen → gehen
weg|lau|fen → laufen
weg|neh|men → nehmen
der **Weg|wei|ser**, die Wegweiser

weg|wer|fen → werfen
weh tun; wehleidig
die **We|he**; die Schneewehe
die **We|hen** (bei der Geburt)
we|hen; die Fahne weht
weh|ren; wehrlos; sich zur Wehr setzen
das **Weh|weh|chen**, die Wehwehchen
das **Weib**, die Weiber; weiblich
weich; weichherzig
die **Wei|che**, die Weichen
wei|chen, er weicht, ich wich, ich bin gewichen
die **Wei|de**, die Weiden

sich **wei|gern**, sie weigert sich; die Weigerung
wei|hen; die Weihe; der Weihrauch; das Weihwasser
Weih|nach|ten [die Weihnacht]; der Weihnachtsabend; der Weihnachtsmann; weihnachtlich; es weihnachtet
weil; weil ich krank war, …
die **Wei|le**; eine Weile warten

der **Wein**, die Weine; die Weintraube
wei|nen, er weint; weinerlich
wei|se (klug); sie ist weise;
die Weisen (kluge Leute);
die Weisheit; der Weisheitszahn
die **Wei|se**; die Art und Weise
wei|sen (zeigen), er weist den Weg,
ich wies, ich habe gewiesen
weiß; das weiße Kleid
Weiß|russ|land; der Weißrusse;
die Weißrussen, die Weißrussin;
weißrussisch
weit, weiter, am weitesten;
von weitem; ohne weiteres;
weitsichtig; das Weite suchen;
der Weitsprung
wei|ter|fah|ren → fahren
wei|ter|ge|hen → gehen
wei|ter|lau|fen → laufen
der **Wei|zen**; das Weizenmehl
welch; welch ein Wunder!;
welche Frau?; welcher Mann?;
welches Kind?
wel|ken; die Pflanze welkt;
das Blatt ist welk
die **Wel|le**, die Wellen;
das Wellenbad
der **Wel|len|sit|tich**, die Wellensittiche
der **Wel|pe** (junger Hund), die Welpen

We

die **Welt**, die Welten; das Weltall;
der Weltraum; der Weltrekord;
weltberühmt; weltfremd; die Dritte Welt
wem; wem hilfst du?
der **Wem|fall** (3. Fall, Dativ)
wen; wen rufst du?
die **Wen|del|trep|pe**, die Wendeltreppen
wen|den (umdrehen), er wendet,
ich wandte [wendete],
ich habe gewandt [gewendet];
die Wendung; wendig
der **Wen|fall** (4. Fall, Akkusativ)
we|nig, weniger, am wenigsten;
ein wenig (ein bisschen) Zeit;
wenigstens
wenn; wenn du gesund bist, …
wer; wer ist da?
wer|ben, er wirbt, ich warb,
ich habe geworben; die Werbung;
die Werbesendung
wer|den, du wirst, er wird,
ich wurde, ich bin geworden
der **Wer|fall** (1. Fall, Nominativ)
wer|fen, sie wirft, ich warf,
ich habe geworfen; wirf!; der Wurf
die **Werft**, die Werften
das **Werk**, die Werke; die Werkstatt;
das Werkzeug; der Werktag;
werktags

We bis Wi

Wi

	we|sent|lich (wichtig)
die	**We|ser** (Fluss)
der	**Wes|fall** (2. Fall, Genitiv)
	wes|halb; weshalb gehst du?
die	**Wes|pe**, die Wespen
	wes|sen; wessen Buch ist das?
der	**Wes|ten**; der Wilde Westen; westlich; westwärts
	West|fa|len; westfälisch
	wet|ten, er wettet; die Wette; der Wettbewerb; der Wettkampf; der Wettlauf
das	**Wet|ter**; der Wetterbericht; die Wettervorhersage; wetterfest
	wet|zen, sie wetzt (das Messer)
der	**Wicht**, die Wichte; das Wichtelmännchen
	wich|tig, wichtiger, am wichtigsten; alles Wichtige; sich wichtig machen
	wi|ckeln; sie wickelt es ein; der Wickel (Umschlag), die Wickel
der	**Wid|der** (männliches Schaf), die Widder
	wi|der (gegen, entgegen); das ist wider meinen Willen; der Widerstand; widerwillig; widerspenstig; widerlich; widersprechen; der Widerspruch
	wid|men; die Widmung
	wie; wie bitte?; so groß wie ...; wie viel Geld hast du?; wie viele Äpfel hast du?; wie weit ist es?
	wie|der (noch einmal); wiederholen; die Wiederholung; das Wiedersehen
	wie|gen; er wiegt den Brief; ich wog ihn; ich habe ihn gewogen
	wie|gen; sie wiegt das Kind; ich habe es gewiegt; die Wiege
	wie|hern; das Pferd wiehert
	Wien (Hauptstadt von Österreich); das Wiener Würstchen
	Wies|ba|den
die	**Wie|se**, die Wiesen
das	**Wie|sel**, die Wiesel; wieselflink
	wie|so; wieso lachst du?
das	**Wie|wort** (Eigenschaftswort, Adjektiv), die Wiewörter
	wild, wilder, am wildesten; das wilde Tier; das Wild; das Wildschwein; die Wildnis; wildfremd
sie	**will** → wollen
der	**Wil|le**; willig; widerwillig
	will|kom|men

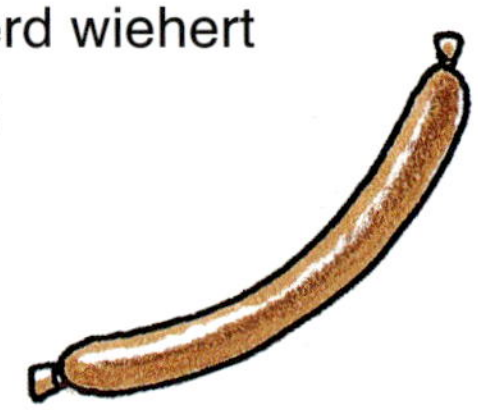

will|kür|lich; die Willkür
Wil|na (Hauptstadt von Litauen)
wim|meln, es wimmelt
wim|mern, er wimmert
der **Wim|pel** (dreieckige Fahne),
die Wimpel
die **Wim|per**, die Wimpern
der **Wind**, die Winde; windig;
das Windrad; die Windpocken
die **Win|del**, die Windeln
win|den, er windet, ich wand,
ich habe gewunden; die Windung
der **Win|kel**, die Winkel; winkelig [winklig]
win|ken, sie winkt, ich winkte,
ich habe gewinkt; der Wink
win|seln; der Hund winselt;
das Winseln
der **Win|ter**, die Winter; winterlich
der **Win|zer** (Weinbauer), die Winzer
win|zig; ein winziger Schluck
wip|pen, er wippt;
die Wippe, die Wippen

wir; wir beide
wir|beln; die Blätter wirbeln;
der Wirbel; der Wirbelwind;
die Wirbelsäule; das Wirbeltier
es **wird** → werden; es wird kalt
sie **wirft** → werfen
wir|ken; die Tablette wirkt;
die Wirkung; wirksam
wirk|lich; die Wirklichkeit
wirr; der Wirrwarr
der **Wirt**, die Wirte; die Wirtin;
das Wirtshaus; die Wirtschaft
wi|schen; er wischt Staub;
der Wischlappen
wis|sen, er weiß,
ich wusste, ich habe gewusst;
das Wissen; die Wissenschaft;
der Wissenschaftler
wit|tern; er wittert Gefahr;
die Witterung
die **Wit|we**, die Witwen; der Witwer
der **Witz**, die Witze; der Witzbold;
witzig; witzlos
wo; wo bist du?
wo|an|ders
wo|bei
die **Wo|che**, die Wochen; wöchentlich;
das Wochenende; wochenlang
wo|durch; wodurch kam das?
wo|für; wofür soll ich bezahlen?

wo|her; woher kommst du?

wo|hin; wohin gehst du?

wohl, wohler, am wohlsten;
wohlhabend; wohlwollend;
das Wohl; zum Wohl!;
die Wohltat; der Wohlstand

woh|nen, sie wohnt; bewohnt

die **Woh|nung**, die Wohnungen;
das Wohnmobil

der **Wolf**, die Wölfe

die **Wol|ke**, die Wolken; wolkig

die **Wol|le**; das Wollknäuel

wol|len, du willst, er will,
ich wollte, ich habe gewollt

wo|ran; worauf; woraus; worin;
womit; worüber; worum;
worunter; wovon; wovor; wozu

das **Wort**, die Wörter; wörtlich;
das Wörterbuch

das **Wrack** (stark beschädigtes Schiff),
die Wracks

wrin|gen, er wringt, ich wrang,
ich habe gewrungen; auswringen

der **Wuchs** → wachsen

die **Wucht**; wuchtig

wüh|len, sie wühlt

die **Wun|de**, die Wunden; wund

das **Wun|der**, die Wunder; wunderbar;
wunderschön

sich **wun|dern**, er wundert sich

wün|schen, sie wünscht;
ich habe es gewünscht;
der Wunsch, die Wünsche;
der Wunschzettel

er **wur|de** → werden; er wurde alt

der **Wurf**, die Würfe

der **Wür|fel**,
die Würfel;
würfeln

wür|gen;
sie würgt ihn

der **Wurm**, die Würmer; wurmstichig

die **Wurst**, die Würste; das Würstchen

die **Wur|zel**, die Wurzeln

wür|zen, sie würzt; würzig

sie **wuss|te** → wissen; sie wusste viel

die **Wüs|te**, die Wüsten; wüst

die **Wut**; der Wutanfall; wütend

X bis Y

die **X-Bei|ne**; er geht X-beinig [x-beinig]
x-be|lie|big (irgendein)
x-fach (vielfach)
x-mal (sehr oft); er rief x-mal
das **Xy|lo|fon** [Xylophon] (Musikinstrument), die Xylofone

die **Yacht** [Jacht] (Schiff), die Yachten
der **Yak** [Jak] (Hochgebirgsrind), die Yaks
das [der] **Yo|ga** [Joga]
das **Yp|si|lon** (Buchstabe), die Ypsilons

Za

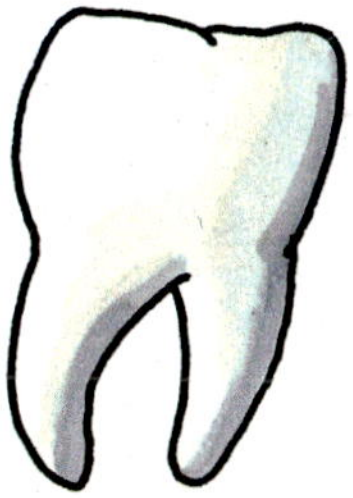

die **Za|cke** [der Zacken], die Zacken; zackig; gezackt
zag|haft (zögernd)
Zag|reb [Za|greb] (Hauptstadt von Kroatien)
zäh, zäher, am zähesten; zähflüssig; die Zähigkeit
die **Zahl**, die Zahlen; zahllos; zahlreich
zah|len, sie zahlt
zäh|len, er zählt; gezählt; der Zähler; die Zählung
zahm; zähmen; gezähmt; die Zähmung
der **Zahn**, die Zähne; der Zahnarzt; die Zahnärztin; die Zahnpasta; die Zahnschmerzen
die **Zan|ge**, die Zangen
sich **zan|ken**; er zankt sich mit ihr; der Zank; zänkisch
der **Zap|fen**, die Zapfen; das Zäpfchen; zapfen; die Zapfsäule
zap|peln; zappelig [zapplig]

zart; zärtlich; die Zärtlichkeit
zau|bern, er zaubert; die Zauberei; der Zauberer, die Zauberer; die Zauberin
der **Zaun**, die Zäune
das **Zeb|ra [Ze|bra]**, die Zebras
die **Ze|cke** [der Zeck] (Milbe), die Zecken [Zecke]
die **Ze|he** [der Zeh], die Zehen; auf Zehenspitzen gehen
zehn; zehntausend; zehnfach; zehntens; die Zehn; der Zehner; ein Zehntel
das **Zei|chen**, die Zeichen
zeich|nen, sie zeichnet; die Zeichnung; der Zeichenblock; der Zeichner; die Zeichnerin
zei|gen, er zeigt; der Zeiger; der Zeigefinger
die **Zei|le**, die Zeilen
die **Zeit**, die Zeiten; eine Zeit lang; der Zeitpunkt; zeitig; zeitweise
die **Zeit|schrift**, die Zeitschriften
die **Zei|tung**, die Zeitungen
das **Zeit|wort** (Tunwort, Verb)
die **Zel|le**, die Zellen
das **Zelt**, die Zelte; der Zeltplatz; zelten; ich habe gezeltet
der **Ze|ment** (Baustoff); zementieren

die **Zen|sur**, die Zensuren; zensieren
der [das] **Zen|ti|me|ter** [cm], die Zentimeter
der **Zent|ner** [Ztr.], die Zentner
zent|ral [zen|tral] (in der Mitte); die Zentrale; die Zentralheizung
das **Zent|rum [Zen|trum]**, die Zentren
der **Zep|pe|lin**, die Zeppeline

zer|bre|chen; er zerbricht es; ich zerbrach, ich habe zerbrochen; zerbrechlich
zer|fet|zen; zerfetzt
zer|klei|nern; er zerkleinert Holz
zer|knül|len, er zerknüllt
zer|quet|schen; zerquetscht
zer|rei|ßen; sie zerreißt es, ich zerriss, ich habe zerrissen
zer|ren; die Zerrung
zer|split|tern; zersplittert
zer|stö|ren; die Zerstörung
zer|streu|en; er ist zerstreut; die Zerstreuung
ze|tern (schreien; jammern), er zetert; das Gezeter
der **Zet|tel**, die Zettel
das **Zeug**; das Werkzeug

der **Zeu|ge**, die Zeugen; die Zeugin; die Zeugenaussage
das **Zeug|nis**, die Zeugnisse
der **Zick|zack**; im Zickzack laufen
die **Zie|ge**, die Ziegen
der **Zie|gel**, die Ziegel; der Ziegelstein
zie|hen, er zieht, ich zog, ich habe gezogen; die Ziehung
das **Ziel**, die Ziele; zielen; ziellos; zielstrebig; zielbewusst
ziem|lich
die **Zier** [Zierde]; verziert; zierlich
die **Zif|fer**, die Ziffern; das Zifferblatt
die **Zi|ga|ret|te**, die Zigaretten; der Zigarettenautomat
die **Zi|gar|re**, die Zigarren
das **Zim|mer**, die Zimmer; zimmern; der Zimmermann
zim|per|lich
der **Zimt** (Gewürz); Zimt und Zucker
das **Zink** (Metall); das Zinkblech
das **Zinn** (Metall); der Zinnteller
der **Zins**, die Zinsen
der **Zip|fel**, die Zipfel; die Zipfelmütze
zir|ka [circa, ca.] (ungefähr)
der **Zir|kel**, die Zirkel
der **Zir|kus**, die Zirkusse; das Zirkuszelt
zir|pen; die Grille zirpt
zi|schen, es zischt

die **Zi|tro|ne [Zit|ro|ne]**, die Zitronen
die **Zi|trus|früch|te [Zit|rus|früch|te]**
zit|tern; zittrig [zitterig]
die **Zit|ze**, die Zitzen
zi|vil; die Zivilisation
zö|gern, er zögert; zögernd
der **Zoll**, die Zölle; der Zöllner; verzollen; zollfreie Ware
der **Zoll|stock**, die Zollstöcke

die **Zo|ne**, die Zonen
der **Zoo**, die Zoos; die Zootiere
das **Zoom** (Fotoobjektiv), die Zooms; zoomen
der **Zopf**, die Zöpfe
der **Zorn**; zornig; sie ist zornig
zot|te|lig; ein zotteliges Fell
zu; zu Hause; er weiß zu viel; ich habe zu wenig Geld bei mir; zu Bett gehen
zu|al|ler|erst; zuallerletzt
das **Zu|be|hör**
zu|be|rei|ten; Essen zubereiten
die **Zucht**; die Züchtung; züchten
zu|cken; der Blitz zuckt; die Zuckung, die Zuckungen
der **Zu|cker**; zuckern; zuckersüß; zuckerkrank

A B C D E F G H I J K L M N O P Qu R S T U V W X Y Z

Zu

zu|de|cken; sie deckt sich zu; zugedeckt; die Zudecke

zu|ein|an|der [zu|ei|nan|der]

zu|erst; ich bin zuerst da

die **Zu|fahrt**, die Zufahrten; die Zufahrtsstraße

der **Zu|fall**, die Zufälle; zufällig

zu|frie|den; ich bin zufrieden; die Zufriedenheit

der **Zug**, die Züge; die Zugmaschine

zu|ge|ben → geben; die Zugabe

der **Zü|gel**, die Zügel; zügeln

zü|gig (schnell)

zu|gleich (gleichzeitig)

zu|grei|fen → greifen

zu|grun|de [zu Grunde] gehen

zu|guns|ten [zu Gunsten]

zu|hal|ten → halten

das **Zu|hau|se**; mein Zuhause; zu Hause sein

der **Zu|hö|rer**, die Zuhörer; die Zuhörerin; zuhören

zu|kle|ben; du klebst den Brief zu

zu|knöp|fen; zugeknöpft

die **Zu|kunft**; zukünftig

zu|las|sen → lassen

zu|läs|sig (erlaubt)

zu|lei|de [zu Leide]

zu|letzt; ich kam zuletzt

mir **zu|lie|be**

zum (zu dem); ich ging zum Arzt

zum Bei|spiel [z. B.]

zu|ma|chen → machen

zu|min|dest (mindestens)

zu|nächst

der **Zu|na|me** (Familienname)

zün|den; sie zündet Feuer an; die Zündung; das Zündholz

zu|neh|men; die Zunahme

die **Zun|ge**, die Zungen

zup|fen, er zupft

zur (zu der); ich gehe zur Schule

zu|recht; sich zurechtfinden

zu|rück; zurück sein

zu|rück|ge|ben → geben

zu|rück|keh|ren, du kehrst zurück

zu|rück|kom|men → kommen

der **Zu|ruf**, die Zurufe; zurufen

zu|sam|men; die Zusammenarbeit

zu|sam|men|fas|sen → fassen; die Zusammenfassung

zu|sam|men|hän|gen → hängen; der Zusammenhang

zu|sam|men|schrei|ben → schreiben; die Zusammenschreibung

zu|sam|men|set|zen → setzen; die Zusammensetzung

zu|sam|men|sto|ßen → stoßen; der Zusammenstoß

zu|sam|men|zäh|len → zählen
der **Zu|satz**, die Zusätze
der **Zu|schau|er**, die Zuschauer; die Zuschauerin; zuschauen
zu|schlie|ßen → schließen
zu|se|hen → sehen
zu|sen|den → senden
der **Zu|stand**, die Zustände; zuständig
zu|stan|de [zu Stande] bringen
zu|stim|men; die Zustimmung
die **Zu|tat**, die Zutaten
zu|trau|lich; das Zutrauen
der **Zu|tritt**; Zutritt verboten!
zu|ver|läs|sig; die Zuverlässigkeit
zu|ver|sicht|lich; die Zuversicht
zu|vor; zuvorkommen
zu|wi|der; das ist mir zuwider
zu|zie|hen → ziehen
der **Zwang**, die Zwänge; zwanglos; zwängen; gezwängt
zwan|zig; die Zwanzig; der Zwanzigeuroschein
zwar; ich bin zwar müde, aber …

der **Zweck**; zwecklos; zweckmäßig
zwei; zu zweit; zweifach
der **Zwei|fel**, die Zweifel; zweifeln; zweifellos
der **Zweig**, die Zweige
der **Zwerg**, die Zwerge
die **Zwet|sche** [Zwetschge, Zwetschke], die Zwetschen
zwi|cken; sie zwickt mich; die Zwickmühle
der **Zwie|back**, die Zwiebäcke
die **Zwie|bel**, die Zwiebeln
zwie|späl|tig; der Zwiespalt
der **Zwil|ling**, die Zwillinge; das Zwillingspaar
zwin|gen; sie zwingt ihn; ich zwang, ich habe gezwungen
der **Zwin|ger** (Käfig für Tiere), die Zwinger
zwin|kern; er zwinkert mir zu
der **Zwirn** (Garn), die Zwirne
zwi|schen; zwischendurch; der Zwischenraum
zwit|schern, es zwitschert
zwölf; zwölffach; zwölftausend; die Zwölf
der **Zy|lin|der**, die Zylinder; der Zylinderhut

A B C D E F G H I J K L M N O P Qu R S T U V W X Y Z

Übungen zum Nachschlagen

Wer kennt sich aus im Abc?

Abc-Reim

A B C D E F G	Ein Hase hoppelt durch den Schnee.
H I J K L M N O P	Er passt nicht auf, rutscht in den See.
Qu R S T U V W	Zum Glück errettet ihn die Fee.
X Y Z	Ab ins Bett!

1. Kannst du das Abc auswendig aufsagen?

2. Denke dir auch einen Abc-Reim aus.

Kinder-Abc

Lena feiert Geburtstag.
Beim Dosenwerfen
geht es der Reihe nach.

3. Wer beginnt?

4. Ordne alle Vornamen nach dem Abc. ✏

Abc-Zwillinge

Timo fängt an. Er nennt zwei Wörter,
die den gleichen Anfangsbuchstaben haben.
Dann ruft er Lena auf. Sie muss sagen,
welches Wort zuerst im Abc steht:
Nun ist sie an der Reihe
und nennt Abc-Zwillingswörter.

Buch	Hexe	April	Finger	Telefon
Bett	Hose	Arm	Fliege	Tisch

1. Ordne die Abc-Zwillingswörter. ✏

Abc-Quartett

Sarah hat Spielkarten gebastelt.
Immer vier gehören zusammen.

2. Jedes Quartett muss noch sortiert werden. Findest du die richtige Reihenfolge? Auf den dritten Buchstaben kommt es an. ✏

Teekesselwörter

1. Kannst du diese Teekesselwörter richtig schreiben?
   Kontrolliere mit dem Wörterverzeichnis.

2. Suche weitere Teekesselwörter.

Nomen in der Mehrzahl

Wie viele gibt es von jeder Sorte?
Felix zählt: vier Bälle, drei ...
Wenn du die Wörter im Wörterverzeichnis
nachschlagen willst, musst du zuerst die Einzahl bilden.

3. Schreibe so: Bälle – Ball, Bäume – ...

Zusammengesetzte Nomen

1. Schreibe die zusammengesetzten Nomen auf:
   Handschuh, … ✏
2. Hast du richtig geschrieben? Im Wörterverzeichnis musst du jedes Wort für sich nachschlagen.
   Notiere die Seitenzahl:
   Hand: Seite …, Schuh: Seite … , … ✏

Formen von Verben

Gestern f… wir mit meiner Tante in den Zoo.
Zuerst g… wir ins Schimpansenhaus.
Ein kleiner Affe f… gerade eine Banane.
Als er fertig war, w… er mir die Schale an den Kopf.

3. Welche Wörter gehören in die Lücken?
4. Wenn du diese Wörter im Wörterverzeichnis nachschlagen willst, musst du zuerst die Grundformen suchen: fuhren – fahren, … ✏

Let's speak English!

At school

the blackboard	die Tafel
the book	das Buch
the chair	der Stuhl
the chalk	die Kreide
the classroom	der Klassenraum
the exercise book	das Schreibheft
the felt-tip	der Filzstift
the paper	das Papier
the pen	der Füller
the pencil	der Bleistift
the pencil case	die Federtasche
the picture	das Bild
the pupil	der Schüler, die Schülerin
the rubber	das Radiergummi
the ruler	das Lineal
the schoolbag	die Schultasche
the table	der Tisch
the teacher	der Lehrer, die Lehrerin

noisy	laut
quiet	still

to ask, she asks	fragen, sie fragt
to count, she counts	zählen, sie zählt
to draw, he draws	zeichnen, er zeichnet
to listen to, he listens to	zuhören, er hört zu
to look at, she looks at	sich ansehen, sie sieht an
to read, he reads	lesen, er liest
to talk, he talks	sprechen, er spricht
to think, she thinks	denken, sie denkt
to whisper, she whispers	flüstern, sie flüstert
to write, she writes	schreiben, sie schreibt

At the playground

boring	langweilig
interesting	interessant

the ball	der Ball
the basketball	der Basketball
the bench	die Bank
the bike	das Fahrrad
the children	die Kinder
the doll	die Puppe
the friend	der Freund
the grass	das Gras
the inliners	die Inlineskates
the playground	der Spielplatz
the sandcastle	die Sandburg
the sandpit	die Sandkiste
the slide	die Rutsche
the swings	die Schaukel
the tree	der Baum

to build, he builds	bauen, er baut
to catch, she catches	fangen, sie fängt
to climb, he climbs	klettern, er klettert
to hide, she hides	sich verstecken, sie versteckt sich
to kick, she kicks	treten, sie tritt
to play basketball, he plays basketball	Basketball spielen, er spielt Basketball
to play soccer, she plays soccer	Fußball spielen, sie spielt Fußball
to ride a bike, he rides a bike	Rad fahren, er fährt Rad
to run, she runs	rennen, sie rennt
to seek, he seeks	suchen, er sucht
to sit, he sits	sitzen, er sitzt
to skate, she skates	skaten, sie skatet
to throw, he throws	werfen, er wirft

In the shop

cheap	billig
expensive	teuer

to buy, he buys	kaufen, er kauft
to pay, she pays	bezahlen, sie bezahlt
to sell, he sells	verkaufen, er verkauft

the apple	der Apfel
the banana	die Banane
the biscuit	der Keks
the bread	das Brot
the bubble gum	das Kaugummi
the butter	die Butter
the cheese	der Käse
the cherry	die Kirsche
the chocolate	die Schokolade
the dog food	das Hundefutter
the drink	das Getränk
the egg	das Ei
the fish	der Fisch
fruit	das Obst
the jam	die Marmelade
the lemon	die Zitrone
the lemonade	die Limonade
the meat	das Fleisch
the milk	die Milch
the money	das Geld
the orange	die Orange
the pea	die Erbse
the pear	die Birne
the plum	die Pflaume
the potato	die Kartoffel
the sausage	die Wurst
the sweets	die Süßigkeiten
the tomato	die Tomate
vegetables	das Gemüse

Animals

the bear	der Bär	the cow	die Kuh
the bee	die Biene	the dog	der Hund
the bird	der Vogel	the duck	die Ente
the budgie	der Wellensittich	the elephant	der Elefant
the butterfly	der Schmetterling	the fish	der Fisch
the camel	das Kamel	the fly	die Fliege
the cat	die Katze	the frog	der Frosch
the caterpillar	die Raupe	the guinea pig	das Meerschweinchen
the cock	der Hahn	the hamster	der Hamster

the hedgehog	der Igel	the pig	das Schwein	fast	schnell
the hen	die Henne	the pony	das Pony	nasty	scheußlich
the hippo	das Flusspferd	the rabbit	der Hase	nice	nett
the horse	das Pferd	the seal	der Seehund	slow	langsam
the lamb	das Lamm	the sheep	das Schaf	tame	zahm
the lion	der Löwe	the snail	die Schnecke	wild	wild
the monkey	der Affe	the spider	die Spinne		
the mouse	die Maus	the tiger	der Tiger		
the parrot	der Papagei	the zebra	das Zebra		

Days, months and seasons

Easter	Ostern
the bird	der Vogel
the nest	das Nest
spring	Frühling
the holidays	die Ferien
the ice cream	das Eis
the picnic	das Picknick
summer	Sommer
Halloween	Halloween
the pumpkin	der Kürbis
the kite	der Drachen
autumn	Herbst
Christmas	Weihnachten
New Year's Eve	Silvester
the sledge	der Schlitten
winter	Winter

March
spring
April
May
June
summer
July
August
ice cream

Monday
Montag
Tuesday
Dienstag
Wednesday
Mittwoch
Thursday
Donnerstag
Friday
Freitag
Saturday
Samstag
Sunday
Sonntag

The weather

cloudy	bewölkt
cold	kalt
frosty	frostig
hot	heiß
rainy	regnerisch
sunny	sonnig
warm	warm
windy	windig

the cloud	die Wolke
the fog	der Nebel
the lightning	der Blitz
the puddle	die Pfütze
the rain	der Regen
the rainbow	der Regenbogen
the sky	der Himmel
the snow	der Schnee
the snowflake	die Schneeflocke
the storm	der Sturm
the sun	die Sonne
the sunshine	der Sonnenschein

My body

the arm	der Arm
the belly	der Bauch
the bottom	der Po
the chest	die Brust
the elbow	der Ellenbogen
the face	das Gesicht
the finger	der Finger
the foot	der Fuß
the hair	das Haar
the hand	die Hand
the head	der Kopf
the hip	die Hüfte
the knee	das Knie
the leg	das Bein
the neck	der Hals
the shoulder	die Schulter
the toe	der Zeh

to jump, he jumps	hüpfen, er hüpft
to run, she runs	rennen, sie rennt
to sit, she sits	sitzen, sie sitzt
to stand, he stands	stehen, er steht

small	klein
tall	groß
thick	dick
thin	dünn

My face

black-haired
schwarzhaarig

red-haired
rothaarig

blonde-haired
blond

brown-haired
braunhaarig

the eyebrow
die Augenbraue

the eye
das Auge

the nose
die Nase

the mouth
der Mund

the tongue
die Zunge

the ear
das Ohr

the cheek
die Wange

the lip
die Lippe

the tooth
der Zahn

the chin
das Kinn

happy	glücklich
sad	traurig

to cry, she cries	weinen, sie weint
to laugh, he laughs	lachen, er lacht
to smile, he smiles	lächeln, er lächelt
to yawn, she yawns	gähnen, sie gähnt

Clothes

the blouse	die Bluse
the boot	der Stiefel
the cap	die Kappe, die Mütze
the coat	der Mantel
the hat	der Hut
the jacket	die Jacke
the pants	die Unterhose
the pyjama	der Schlafanzug
the shoe	der Schuh
the shorts	die kurze Hose
the skirt	der Rock
the sock	der Strumpf, die Socke
the sweatshirt	das Sweatshirt
the trousers	die Hose
the T-shirt	das T-Shirt
the vest	das Unterhemd

pretty	hübsch
too big	zu groß
too small	zu klein
ugly	hässlich

to put on, he puts on	sich anziehen, er zieht sich an
to take off, she takes off	sich ausziehen, sie zieht sich aus
to wear, she wears	tragen (Kleidung), sie trägt

Our house

the attic	der Dachboden
the bathroom	das Badezimmer
the bed	das Bett
the bedroom	das Schlafzimmer
the carpet	der Teppich
the ceiling	die Zimmerdecke
the cellar	der Keller
the chimney	der Schornstein
the clock	die Uhr
the computer	der Computer
the desk	der Schreibtisch
the door	die Tür
the floor	der Fußboden
the hall	der Flur
the kitchen	die Küche
the lamp	die Lampe
the living room	das Wohnzimmer
the roof	das Dach
the room	das Zimmer
the shelf	das Regal
the stairs	die Treppe
the wardrobe	der Schrank
the window	das Fenster

upstairs
oben

downstairs
unten

to come in, she comes in	hereinkommen, sie kommt herein
to cook, he cooks	kochen, er kocht
to play, she plays	spielen, sie spielt
to sleep, he sleeps	schlafen, er schläft
to watch TV, he watches TV	fernsehen, er sieht fern

My town

to drive, he drives	fahren, er fährt
to fly, it flies	fliegen, es fliegt
to walk, she walks	gehen, sie geht

the ambulance	der Krankenwagen	the garden	der Garten
the bike	das Fahrrad	the house	das Haus
the bus	der Bus	the lorry	der Lastwagen
the car	das Auto	the motorbike	das Motorrad
the fire brigade	die Feuerwehr	the park	der Park

to go by bus, she goes by bus — Bus fahren, sie fährt Bus
to stand, he stands — stehen, er steht

the pavement	der Bürgersteig
the people	die Menschen
the plane	das Flugzeug
the policeman	der Polizist
the shop	das Geschäft
the street	die Straße
the supermarket	der Supermarkt
the taxi	das Taxi
the traffic lights	die Ampel
the zebra crossing	der Zebrastreifen

My family

old alt
young jung

the adult	der Erwachsene	my grandmother	meine Großmutter
my aunt	meine Tante	my grandparents	meine Großeltern
the baby	das Baby	I	ich
the boy	der Junge	the man	der Mann
my brother	mein Bruder	my mother	meine Mutter
the child	das Kind	my parents	meine Eltern
my father	mein Vater	my sister	meine Schwester
the girl	das Mädchen	my uncle	mein Onkel
my grandfather	mein Großvater	the woman	die Frau

Numbers and colours

0	zero		
1	one	11	eleven
2	two	12	twelve
3	three	13	thirteen
4	four	14	fourteen
5	five	15	fifteen
6	six	16	sixteen
7	seven	17	seventeen
8	eight	18	eighteen
9	nine	19	nineteen
10	ten	20	twenty

white	weiß
yellow	gelb
orange	orange
red	rot
purple	lila
pink	rosa
blue	blau
green	grün
brown	brown
grey	grau
black	schwarz

to paint, he paints	malen, er malt
to count, she counts	zählen, sie zählt

Das Wörterbuch für die Grundschule plus Englisch
wird herausgegeben von Gisela Winter.

Illustration:
Sabine Kranz, Anja Rieger

Druck A[12] / Jahr 2015
Alle Drucke der Serie A sind im Unterricht parallel verwendbar.

Redaktion: Nicole Amrein
Herstellung: Annette Henko
Typografie und Layout: Annette Henko
Druck und Bindung: westermann druck GmbH, Braunschweig

ISBN 978-3-14-**120599**-2

1. Wörterverzeichnis

2. Wörterverzeichnis

Übungen zum Nachschlagen

Let's speak English!